교과서를 덮으면
외국어가 춤춘다

교과서를 덮으면 외국어가 춤춘다

ⓒ 2006, 이서규

초판인쇄	2006. 8. 12.
초판발행	2006. 8. 16.
지은이	이서규
편 집	홍석봉 · 정지희 · 안명희 · 박승범
마케팅	이태준
펴낸이	강준우
관 리	김수연
디자인	이은혜
펴낸곳	인물과사상사
등 록	1998. 3. 11(가제17-204호)
주 소	서울시 강동구 성내동 533-1 영우빌딩 3층
전 화	02) 471 - 4439
팩 스	02) 474 - 1413
우 편	134 - 600 서울 강동우체국 사서함 164호
E - mail	insa@inmul.co.kr
홈페이지	http://www.inmul.co.kr

값 9,500원

ISBN 89 - 5906 - 037 - 2 03700

파손된 책은 교환하여 드립니다.

교과서를 덮으면 외국어가 춤춘다

지은이_이서규

인물과 사상사

"Too long a sacrifice can make a stone of the heart."

아일랜드 시인 윌리엄 버틀러 예이츠(William Butler Yeats)가 쓴 〈1916년 부활절(Easter 1916)〉의 한 구절이다. 이 시를 처음 들은 지가 벌써 10년이 훌쩍 지났다. 아일랜드 더블린의 트리니티대학 영문과교수이자 알코올중독자의 눈으로 세상을 묘사한 괴짜 시인인 브렌던 케넬리(Brendan Kennelly)가 직접 암송한 이 시를 들으며 그 감미로움에 빠졌던 기억이 생생하다.

이 시에는 영국의 식민통치하에서 희생만을 강요받은 아일랜드 사람들이 가슴이 돌이 박힐 만큼 한(恨)이 맺혔다는 슬픈 내용이 담겨 있다. 그런데 21세기를 살아가는 한국인에게도 가슴에 돌이 박힐 만큼 한이 맺힌 게 있다. 바로 영어와 외국어에 맺힌 한 말이다. 특히 영어는 개인의 모든 능력을 평가하는 절대기준이 되었고 영어점수 없이는 사회생활하기가 곤란한 세상이 되었다. 영화 속에서건 드라마에서건 외국인과 유창하게 대화를 주고받는 외국어 구사자는 부러움의 대상이자 지식인의 표본처럼 비쳐진다.

나는 사람들이 가진 외국어에 대한 한을 풀어주는 살풀이굿을 벌이기 위해 이 책을 썼다. 이 책은 다른 언어를 구사하는 사람들이 주변에서 벌어지는 현상을 두고 어떻게 표현하는지, 왜 그렇게 표현하는지와 그들의 마음속에서 진행되는 감정의 변화를 어떻게 표현하는지를 설명하면서 외국어를 익히는 노하우를 밝히려 노력했다.

우리는 외국어를 익힐 때 문법, 어휘, 말하기, 듣기 등을 무조건 외우기에 급급하다. 이렇게 익힌 외국어는 길어야 2년짜리 외국어의 수준을 넘지 못한다. 그래서 토익이 2년마다 성적 갱신을 요구하는지 모르겠다. 하지만 내가 쌓은 외국어 학습의 노하우는 2년짜리가 아니다. 외국 사람들의 삶, 감정, 느낌을 알면 한번 익힌 외국어는 평생을 가기 때문이다. 외국어는 일정 기간 사용하지 않으면 잊기 마련이다. 시험대비용 외국어는 한번 잊으면 모든 걸 처음부터 다시 시작해야 하지만, 삶을 통해 익힌 외국어는 잊더라도 조금만 노력하면 금방 제 실력으로 회복된다.

이 책에서는 한국어를 모국어로 구사하는 사람들이 외국어를 배우는 데 필수적인 사고의 전환, 외국인과 한국인이 같은 현상을 두고 전혀 다른 방법으로 표현을 하는 이유, 그리고 우리가 가진 외국어에 대한 편견을 지적하고 있다. 그리고 듣기, 말하기에서 보다 생생한 표현을 하기 위한 방법을 영어뿐 아니라 세계 각국의 언어를 예로 들면서 설명하고 있다. 이 노하우는 내가 외국어를 익히면서 여러 차례 거듭한 실패의 결과다. 내 실패의 경험은 여러분에게 2년 짜리 시험용 외국어가 아니라 평생 함께할 외국어의 세계로 향하는 길을 열어줄 것이다.

이 책은 시중에 나와 있는 교과서나 교재처럼 외우기를 강요하지 않는다. 그리고 몇 달 만에 외국어를 마스터할 수 있다고 거짓말하지도 않는다. 이 책을 통해 여러분은 말을 하지 못하던 아이들이 말을 하게 되는 것과 같은 과정을 몸소 느낄 수 있을 것이다. 듣기 따로, 말하기 따로, 문법·어휘 따로 하는 따로국밥식 외국어가 아니라 인간이 느끼는 고통, 기쁨, 애절함, 간절한 소원 등 감정을 이해하고 나누는 과정을 통해 따로국밥이 짬뽕이 되어 자신의 몸속으로 들어옴을 느낄 수 있을 것이다.

외국어에 한이 맺힌 분들은 나와 함께 시간여행을 떠나보시라. 시간을 거슬러 지난 10여 년간의 내 외국어 여행에 동참해 보면 '아하, 외국어가 이런 거구나' 라는 깨달음과 함께 외국어가 공부나 도전의 대상이 아니라는 것을 알게 될 것이다. 그리고 외국어를 향한 자신만의 지도를 만들 수 있을 것이다.

책을 쓰면서 나에게 너무나 좋은 충고와 길잡이 역할을 해주신 분들이 있어 잠시 소개하고자 한다. 내 여행의 길잡이 역할을 해주신 모지웅(Jesús Miguel Molero) 신부님, 주한독일인성당의 에릭 리히터(Erik Richter) 신부님, 나의 가장 소중한 친구인 한스자이델재단의 베른하르트 젤리거(Bernhard Seliger) 박사, 골롬반선교회의 팻 컨닝햄(Pat Cunningham) 신부님과 파디 스미스(Paddy Smyth) 신부님, 일본 도치기현 우츠노미야시의 마츠가미네 성당에서 일하시는 파리외방전교회 소속 장 바레(Jean Waret) 신부님께 진심으로 감사의 마음을 전한다.

언어의 시간여행을 나는 감히 단테의 〈신곡(La Divina Comedia)〉에 비유하고 싶다. 언어의 지옥 여행에서 이분들은 나에게 단테를 인도한 로마시인 베르길리우스와 같은 존재였다. 고국을 떠나 한국에 와서 봉사하신 이분들의 삶은 인간을 사랑하는 마음이 무엇이고 인간을 이해하는 방법이 무엇인지를 알려주는 살아 있는 모범이었다. 연로하신 신부님들의 건강과 안녕을 기원한다.

자 이제 외국어에 맺힌 한을 풀어보자.

CONTENTS

다다익선
多多益善

지난 2004년 아테네 올림픽 때의 일이다. 자크 로게 IOC 총재가 주재하는 기자회견장에서 황당한 일이 발생했다. 기자회견은 영어와 불어로 진행되었는데, 불어로 진행된 질의응답은 로게가 맡았고 영어로 진행된 질의응답은 부위원장들이 맡았다. 한창 회견이 진행되던 중 '다음 중국 올림픽 때 한약재를 이용한 불법약물투여를 제재할 생각이 있느냐'는 질문이 나오자 중국기자단이 술렁거렸고 여기저기서 고성이 오고 갔다. 회견장이 소란스러워지자 IOC측의 발표가 제대로 들리지 않았다.

그런데 갑자기 통역기마저 고장이 났다. 마침 그때 캐나다 기자 하나가 불어로 뭐라고 질문했는데, 로게는 불어로만 대답하고는 다음 질문으로 넘어갔다. 영어로 통역이 되지 않는 상황이라 불어를 모르는 기자들로부터 불만의 소리가 터져 나왔다. 하지만 불어로 진행된 질의응답은 계속되었다. 결국 불어를 모르는 기자들은 회견 내용의 반도 건지지 못한 채 쓸쓸히 발길을 돌려야 했다. 나는 옆자리에 앉은 프랑스기자의 취재수첩을 얼른 훔쳐봤지만, 총알같이 내뱉는 로게의 말을 받아 적는 그 기자의 속기실력만 감상할 수밖에 없었다. 신문사에 돌아온 나는 기자회견에 대한 기사를 쓰려했지만 워낙 들은 게 없으니 제대로 된 기사를 쓸 수 없었다. 정말 혼쭐나는 경험이었다.

나는 영어, 독일어, 에스파냐어, 이탈리아어, 일본어 이렇게 5개

국어를 구사한다. 하지만 이런 상황이 벌어지면 나는 새로운 언어에 도전하고 싶어진다. 사람들은 흔히 영어만 잘하면 취직도 잘되고 출세 길도 열리는데 다른 언어는 왜 배우냐고 물을지 모르지만, 외국어 한두 개로는 할 수 없는 일이 세상엔 너무 많기 때문이다.

5개 국어를 익히면서 깨달은 게 있다. 언어는 공부하는 게 아니라는 것이다. 외국어는 문법책이나 어휘책에서 강요하는 공식들을 달달 외워서 되는 것이 아니라 들으며 몸으로 익혀야 하는 것이다. 외국인들의 삶과 생각을 이해하고 그들이 내는 소리와 그들의 사고방식이 몸에 배게 되면 그때부터 외국어는 끝말잇기 놀이나 낱말 맞히기 퍼즐 같은 즐거운 놀이가 된다. 주위에 널려 있는 힌트를 가지고 빈칸을 하나씩 하나씩 채우기만 하면 되는 것이다. 영어든 일본어든 어떤 언어든 마찬가지다. 퍼즐의 빈칸을 채울 힌트를 찾는 데는 외국에서 생활하는 게 제일 좋지만 TV에서 방영되는 외국 드라마나 영화를 보는 것도 좋다. 외국인들이 어떤 상황에서 어떤 대화를 주고받는지를 구체적으로 보고 듣고 느낄 수 있기 때문이다. 돈 들여 어휘책, 문법책, 작문책, 회화책과 회화테이프를 사서 '따로국밥식'으로 공부하는 것보다는 100배는 더 효율적이다. 이제 '따로국밥식 외국어 학습법'은 버리고, 말하면서 문법을 익히고 들으면서 작문하고 영화를 보면서 어휘와 표현을 익히는 '한국식 잠뽕 외국어 학습법'으로 외국어를 정복하자!

001
삶의 흔적을 읽어라

언어에는 각 나라와 문화권에서 살아가는 사람들의 삶의 흔적이 얽혀 있다. 그 흔적은 그들의 역사와 문화에 집약되어 있기 때문에 새로운 언어를 익힐 때는 반드시 그들의 역사와 문화를 함께 익혀야 한다. 많이 알면 알수록 좋다. 그래야만 그들만의 독특한 뉘앙스를 느낄 수 있어 그들과 생생한 대화가 가능하다.

"한국인 친구가 아이를 낳았는데 그 아이는 뇌성마비였다. 그 친구는 자기가 죄를 많이 지어 아이가 그렇게 됐다고 대성통곡을 했다. 그 모습을 보니 한국인이나 일본인이나 비슷하구나 하는 생각이 들었다." 한국인 친구를 둔 어느 일본인의 말이다. 동양인들은 불교의 영향을 받아서 그런지 청천벽력 같은 일이 생기면 자기가 전생에 죄를 많이 지어 그렇다고 자기를 탓하는 경향이 강하다.

하지만 서양인들의 경우엔 그렇지 않다. 자식이 뇌성마비로 태어나더라도 부모들은 자신을 탓하며 통곡하지 않는다. 대부분의 서양인들의 내면엔 그리스도교 정신이 깔려 있어 서양인들은 아이에게 닥친 불행을 자신의 죗값이 아니라 한 형제자매로서 함께 짊어져야 할 시련으로 받아들이기 때문이다. 이런 미묘한 문화적 차이를 잡아내지 못하면 아무리 억만금을 주고 코피 터지게 공부하더라도 외국어를 제대로 익힐 수 없다.

한국, 중국, 일본에서 쓰는 한자만 보더라도 각 나라의 문화 차이
는 명확하게 드러난다. 한중일 3국에서는 같은 한자를 다른 의미로
쓰거나 같은 것을 지칭하더라도 다른 한자를 쓰는 경우가 많다. 예
를 들어 개를 나타내는 한자는 犬과 狗가 있는데, 犬은 3국 모두 사
용하지만, 狗는 한국과 중국에서만 사용할 뿐 일본에서는 쓰지 않
는다.

중국에서 간판에 狗가 들어가 있는 가게는 소위 중국 남부 광둥성
(廣東省)이나 푸젠성(福建省) 출신 사람들이 운영하는 개고기 요릿
집이다. 우리나라에서도 조선시대에는 보신탕을 구장(狗醬)이라고
했다. 언젠가 친한 사람이 운영하는 보신탕집에 가서 한 끼 맛있게
먹은 적이 있는데, 그 집에도 雪狗라는 간판이 걸려 있었다. 중국과
한국에서는 식용 개나 개고기를 지칭할 때 狗라고 했던 것이다. 하
지만 불교의 영향으로 인해 천 년 넘게 육식금지법이 엄격했던 일
본에서는 개를 지칭할 때 식용이라는 의미가 들어 있는 狗를 쓸 필
요가 없었다. 그리고 한국과 중국에서는 狗를 솜털이 보송보송한
강아지를 가리킬 때도 쓰는데, 일본에서는 성견을 犬이라고 하고

강아지를 子犬이라고 한다.

고기 얘기를 꺼낸 김에 하나만 더 얘기하자. 영어에서는 동물을 지칭하는 말과 그 동물의 고기를 지칭하는 말이 다르다고 흔히들 알고 있다. 소는 cow고 쇠고기는 beef, 돼지는 pig고 돼지고기는 pork, 양은 sheep이고 양고기는 mutton이라는 식으로 말이다. 하지만 양고기의 경우 현대 영어에서는 더 이상 mutton을 쓰지 않는다. mutton은 다 자란 양의 노린내가 지독한 고기라는 의미가 크기 때문이다. 서양인들이 부활절 별미로 즐겨 먹는 양고기는 1월에 태어나 부활절 직전에 도살되는 새끼 양이다. 새끼 양의 고기는 기름기가 적고 냄새도 덜하다. 그래서 서양에서는 양고기를 노린내가 나는 mutton이 아니라 새끼 양의 고기를 의미하는 lamb이라고 한다. 만약 mutton을 양고기로 알고 있다가는 지독한 냄새가 나는 양고기를 먹을 수도 있으니 조심해야 한다.

외국어를 익힐 때 그 언어를 사용하는 사람들의 문화와 역사를 함께 익히면 그들만의 독특한 뉘앙스를 느낄 수 있어 그들과 생생한 대화가 가능하다

002
부적절한 관계

언젠가 한 독일인 친구와 광주민주화운동을 다룬 TV 다큐멘터리를 본 적이 있다. 계엄군의 총탄에 하나뿐인 아들을 잃은 한 어머니가 "이제 우리 집안 대가 끊겼다"며 한탄하는 장면이 나오기에 그 친구에게 한국의 독특한 대물림 문화 때문에 저렇게 서글피 운다고 얘기했다. 그런데 그 친구 왈 "그건 한국의 독특한 문화가 아니다. 서양에서도 아버지의 성을 대물림 한다. 또 대가 끊겼다는 표현도 있다"는 것이다. 맞는 말이다. '대가 끊기다'와 유사한 영어식 표현은 My family name dies with me이다. 내 이름을 이을 자식이 없으니 내가 죽으면 내 성씨(姓氏)도 함께 죽어버린다는 의미다.

서양이나 우리나 대를 잇는다는 말은 아버지의 성(姓)을 물려줄 아들을 낳는 것을 의미한다. 서양인의 이름 가운데 Peterson이나 Johnson처럼 '~의 아들'이라는 뜻을 가진 이름이 많은 것도 사실은 조상의 이름을 보존하려는 몸부림이다. 친할아버지와 외할아버지를 뜻하는 영어 paternal grandfather, maternal grandfather에는 나와 성이 같은 할아버지, 그렇지 않은 할아버지라는 느낌이 살아 있다.

일본어에서는 대를 잇는다는 말을 家督をつぐ라고 표현하는데, 우리나 서양의 경우와는 의미가 조금 다르다. 조상의 이름을 보존

한다는 뜻보다는 대대로 이어오는 가업을 물려준다는 뜻이 강하다. 이름이나 성에 대한 집착이 약하기 때문이다. 일본에서는 150년 전까지만 해도 고승(高僧)이나 귀족 등의 특권층을 제외하곤 성을 갖는다는 건 언감생심(焉敢生心)이었다.

서양이나 동양이나 아버지의 이름을 대물림하며 가족의 역사를 이어가지만 우리만큼 가족관계의 폭이 넓고 그 표현을 세분화해서 사용하는 곳은 거의 없다. 그래서 외국인에게 우리의 가족관계를 설명할 때마다 제대로 이해시킬 수 없어 난감하다.

한번은 친한 독일인친구가 한국여성과 결혼을 한다는 연락을 받고 결혼식장을 찾았다. 그런데 친구 장인어른이 신부측 친척들을 독일인 사돈에게 소개해달라고 부탁을 해서 촌수와 그것을 지칭하는 말을 통역하는데 진땀을 흘렸다. "이분이 내 육촌의 부인이시고 이쪽은 내 당질"이라는데 독일어에서는 사촌, 육촌의 구별이 없다. 없는 개념을 만들어내느라 힘들었다. 그리고 사돈이라는 말도 우리말 외에는 어느 나라 말에도 없는 표현이다.

이탈리아도 우리처럼 가족관계를 중시 여기지만, 이탈리아어 nepote가 손자와 조카를 모두 지칭할 정도로 자녀와 배우자 외에는 세심한 구별이 없다. 영어로 족벌정치를 의미하는 nepotism은 이 단어에서 유래했는데, 흔히 중세 교황들이 자신의 아들들을 조카라고 속이고 권력을 나눠준 데서 생긴 말이다. 이렇게 서양언어가 촌수에 무감각한 데는 근친혼이 가능했기 때문인데, 옛날 유럽에서 사촌간은 가장 이상적인 결혼 상대였다.

한편, 홍길동전에서 길동이 '호부호형(呼父呼兄)' 할 수 없는 신세를 한탄하지만 결국은 자식으로 인정을 받았다. 조선이란 사회가 일부다처(一夫多妻)를 인정했으니 첩도 부인이고 첩이 낳은 아이도 자식이었다. 적서차별이야 있었지만 말이다. 조선시대에는 양반이 대를 잇기 위해 씨받이를 들이든가 첩을 들였다. 물론 자식을 낳을 목적뿐만 아니라 양반 체면 구지지 않고 윤택한 성생활을 누리기 위한 목적도 있었을 것이다.

서양에도 첩이나 소실과 유사한 말들이 있지만 대를 잇는다는 의미는 없고 주로 정식 배우자가 아닌 사람과의 성관계를 의미한다. 영어에서 mistress와 concubine이라는 말에는 자식을 낳는다는 의미가 전혀 없다. mistress는 성관계를 정기적으로 나누는 정부(情婦)이고 concubine은 영어의 with에 해당하는 라틴어 cum과 '눕다' 라는 의미의 라틴어 동사 cubinare가 합쳐져 생긴 말이다. 잠자리에 함께 눕는 여자라는 의미다.

홍길동처럼 혼외정사(婚外情事)를 통해 태어난 아이들은 아버지를 아버지라 부를 수 없다는 것 때문에 상당한 고통을 받았겠지만 자신을 지칭하는 사생아(私生兒)라는 말을 꼬리표처럼 달고 평생을 살아야 했기 때문에 고통이 더했을 것이다. 서양에서 사생아라는 말은 욕설에 가까운 뜻이 있다. 어떤 사람이 혼외관계로 태어났다고 쑥덕거릴 때도 "그 친구 사생아야"라고는 말하지 않는다. 그냥 "His mother is not his father' s wife(그 친구 어머니가 아버지의 부인이 아니래)"라고만 말한다.

일본의 경우 첩살이 하는 여자의 삶은 가혹하다. 부인이 아닌 첩은 그저 妾, 側妻라고 하는데, 옆에 두고 심심할 때 즐기는 여자라는 의미이다. 좀 심한 경우는 二号라고도 한다. 2호라는 의미인데 본부인이 당연히 1호일 것이고 첩은 2호라는 의미이다. 해도 너무한다는 생각이 든다. 사람이 무슨 우주왕복선도 아니고 말이다.

조선시대에는 부인이 아들을 낳지 못하면 씨받이를 들이는 악습이 있었다. 서양에서는 육체적인 쾌락을 위해 부인 외에 여자친구를 두는 경우는 있지만 아들을 낳기 위해 다른 여자와 성관계를 하는 경우는 없다. 하지만 요즘 서양에선 '대리모(surrogate mother)' 라는 직업이 성행한다니 서양세계가 우리의 씨받이 제도를 공식으로 인정한 것인지도 모르겠다.

각 언어에는 그 말을 사용하는 사람들의 삶과 사고방식이 녹아 있다. 외국어를 익힐 때 우리가 생각하는 대로 단어와 표현을 선택하면 몰매 맞는 상황이 연출될 수도 있다.

003
세상을 흑백으로만 볼 수는 없다

외국어를 익힐 때 외국인을 친구로 두면 큰 도움이 된다. 외국인 친구 사귀기는 두 가지 이상 언어를 동시에 공부할 때 도움을 준다. 서울에 살 때, 외국어 때문에 친구를 사귄 것은 아니지만, 우연치 않게 주한 외국인 몇 명이 만든 클럽에 가입한 적이 있다. 이름 하여 0.1톤 클럽. 이 모임의 목적은 한국의 소문난 맛 집을 찾아 돌아다니거나 각자 고국의 음식을 준비해 서로 나눠먹는 것이었다.

애초부터 모임의 주제가 음식이다 보니 회원들 덩치가 일단 장난이 아니었다. 보통 혼자서 삼겹살 5인분에 소주 서너 병은 거뜬히 해치웠다. 정회원이 되려면 몸무게가 0.1톤, 즉 100킬로그램은 넘어야 했는데 나는 영원한 예비회원이었다. 다들 내가 분발해 0.1톤의 과업을 달성하길 바랐지만 끝내 그런 소망은 이뤄지지 않았다.

이 친구들은 나를 지독하게 말랐다고 여겼는데, 나는 사실 표준체형이다. 내가 "I am not fat. I am not skinny. I am in between(나는 뚱뚱하지도 마르지도 않고 보통이야)"라고 주장했지만 도무지 인정하려 하지 않았다. 이 친구들과 사귀면서 배운 표현 중 가장 좋은 표현은 이것도 저것도 아닌 애매모호한 상태를 가리키는 말이었다. 어느 나라 말이든 어휘를 익힐 때 동의어와 반대말을 연결 지어 익히는 것은 좋지 않다. 가장 큰 이유가 세상에는 말랐거나 뚱뚱한 사람만 있는 것이 아니라 그 중간 사이즈의 체형이 더 많듯이 이것도 저것도 아닌 상황들이 너무나 많기 때문이다. 우리의 어휘교육은 이런 중간이나 어정쩡한 상황을 무시하는 경향이 있다.

극단에 선 단어 사이에 무수히 존재하는 어정쩡한 단어들을 익혀야 자신의 의사와 감정을 제대로 표현할 수 있다. 그렇지 않으면 이것 아니면 저것 하는 식으로 병적인 극단주의자가 될 수 있다. 예를 들어 뚱뚱하다는 것이 병적일 정도로 비만(obese)인지 그냥 뚱뚱(fat)한 건지, 귀엽게 통통한(chubby) 건지 아니면 의사가 과체중(over-weighted)이라고 판단을 내린 것인지를 생생하게 표현할 수 있어야 하는 것이다. 누가 뚱뚱하다고 놀리면 fat이 아니라 chubby하다고 우길 수 있어야 하고, 피골이 상접했다(skinny)고 놀려도 날씬한(slim) 거야라고 말해줄 수 있어야 한다.

우리는 흔히 날씨가 '덥다'고 할 때 hot, '춥다'고 할 때 cold를 쓰지만, 그 정도에 따라 여러 중간계 어휘들이 등장한다. '따뜻하다'라고 할 때는 warm을 써야 한다. '미지근하다'라는 표현은 lukewarm이다. 더위에도 여러 종류가 있는데 우리나라 장마철처럼 무더운 날씨는 humid라고 한다. 유럽의 겨울처럼 공기 중에 습기가 있으면서 추운 냉습한 기후는 damp, 살이 얼어붙듯이 추우면 freezing cold를 쓰면 된다.

색깔을 표현하는 말에는 이런 중간계의 단어들이 더 풍부하다. 누가 외국어 실력이 있는지 없는지를 가려내려면 색깔을 물어보면 된다. 색은 같은 색이라도 빛을 어떻게 얼마나 반사하느냐에 따라 다르게 보일 수 있기 때문에 이건 빨간색 저건 노란색 하는 식으로 딱 구분해서 말하기가 힘들다. 그래서 서양언어는 꽃 등의 식물 색깔에 비유해 여러 가지 애매모호한 색을 표현한다. 이를테면 밤나무 색이라는 표현을 써서 완전히 붉은 색도 아니고 그렇다고 완전히 갈색도 아닌 색을 표현하는 것이다.

색은 바라보는 사람의 기분에 따라 달리 보일 수도 있다. 붉은 색은 죽음을 상징하는 핏빛으로 보일 수 있는데, 우리말에도 핏빛이라는 단어가 있듯이 영어에도 bloody라는 말이 있다. 한자의 경우 같은 색을 지칭하더라도 어떤 한자를 쓰느냐에 따라 의미가 달라진다. 중국에서는 예로부터 붉은 색이 재물과 건강을 상징하고 귀신을 쫓아주는 좋은 색이었다. 그런데 같은 한자라도 붉을 적(赤) 자

는 죽음과 피를 의미하고 붉을 홍(紅) 자는 앞에서 말한 좋은 의미의 글자다. 중국에서 혁명이 일어났을 때 부패한 장개석 군대를 몰아낸 해방군인 팔로군은 홍군(紅軍)으로 불렸다. 그리고 어려운 사람들에게 구호품을 나눠주는 적십자는 중국에서 홍십자(紅十字)라 불린다. 우리나라에서 적십자(赤十字)라고 부르는 이유는 군대나 학교에서 반강제로 헌혈을 해가는 적십자의 행태 때문이지 않을까하는 생각이 든다.

인간의 감정을 제대로 알고 전달하려면 '모 아니면 도' 라는 식으로 극단의 표현만 알고 넘어가지 말고 중간계의 표현을 잘 숙지해야 한다.

004
보고 듣고 느끼고

"s 스, t 트, ree 리, t 트. street 스트리트. 거리"

외국어를 공부하는 사람들 대부분은 단어를 외울 때 단어의 철자를 한 자 한 자 쓰면서 우리말로 소리 나는 대로 따라 읽은 후 단어와 우리말로 풀이된 뜻을 결합시킨다. 단어를 소리가 아니라 철자로 외우는 것이다. 이렇게 단어를 외우다 보면 두 가지 문제에 직면하게 된다.

우선 말할 때 단어가 입에서 바로 나오지 않는다. 대화할 때 어떤 단어가 입 밖으로 나오려면 우선 우리말로 풀이된 뜻을 가진 단어를 찾아야 하고 적당한 단어를 찾았다 하더라도 철자가 생각나야 하기 때문이다. 머릿속에서 복잡한 과정을 거치야 하는 것이다. 그리고 철자를 우리말로 소리 나는 대로 읽으며 외우다 보니 외국 사람의 발음이 들리지 않는다. 어느 외국어든 우리말과는 발음 구조가 다르기 때문이다. 도대체 누가 street에서 s가 '스'로 t가 '트'로 발음된다고 하던가? 우리말은 자음과 모음이 결합하여 소리가 나지만 서양언어에서는 자음도 혼자, 모음도 혼자 자기 소리를 낼 수 있다. 말도 못하고 들리지도 않으니 당연히 외국어가 어려울 수밖에 없다.

이런 문제를 극복하기 위해서는 TV에서 방영하는 외국 드라마나 영화를 보면서 거기 나오는 단어나 표현을 듣고 익히는 게 좋다. 구체적인 상황 속에서 배우들이 어떤 대화를 주고받는지와 문장 속에서 단어 하나하나가 어떻게 발음되는지를 보고 듣고 느낄 수 있기 때문이다. 어휘책, 문법책, 독해책, 회화책을 사서 골치 아프게 글자와 씨름하는 것보다는 100배는 더 효과적이다.

얼마 전 〈Rome〉이라는 시리즈물을 봤는데, 로마제국의 줄리오 체사레(한국에서 시저 혹은 카이사르로 불리는 이 인물을 나는 항상 라틴식으로 읽고 싶다)의 휘하에서 일하던 평범한 로마병사 두 명의 눈에 비친 로마역사를 그린 수작이다. 영어나 다른 외국어를 익힐 때는 이런 역사물이 좋다. 언어뿐만 아니라 역사와 문화도 접할 수 있기 때문이다. 역사물은 다소 딱딱하지만 문법에 맞는 표현을 쓰면서 속어 사용을 자제하고 절제된 감정표현을 하기 때문에 정선된 문장과 문법을 몸소 익히게 해주는 생생한 교과서인 것이다. 왜 우리 사극을 봐도 "아이 짱나" 같은 요즘의 비속어가 아니라 점잖은 말을 쓰지 않는가?

하지만 역사물에 등장하는 말이 현대어와는 동떨어지고 너무 구

식이기 때문에 외국어를 익히는 데 도움이 안 된다고 말하는 사람들도 있다. 틀린 말은 아니다. 지난 2003년 개봉한 〈자토이치〉의 주인공은 안마와 도박으로 생계를 이어가는 맹인무사이지만, 불의를 보면 시퍼렇게 날이 선 칼을 빼어드는 정의의 사도로 변신한다. 이 영화에서 주인공은 '메쿠라(盲)'라고 불리는데, 이 말은 시각장애인들에게는 아주 모욕적인 말이다. 요즘은 시각장애인을 눈이 불편한 사람이라는 의미로 目が不自由な人라고 한다. 이처럼 역사물에는 의미가 변해 현재에는 안 좋은 의미로 쓰이는 표현이 등장할 수 있으니 조심해야 한다.

역사물 외에도 〈CSI〉, 〈Law & Order〉, 〈NYPD Blue〉 같은 형사물이나 〈ER〉 같은 의학드라마도 좋다. 이런 드라마에는 전문용어가 등장하기 때문에 "내가 의사나 변호사도 아니고 뭐 하러 그런 드라마를 봐?"라고 말할 사람도 있을 것이다. 하지만 이런 드라마에 등장하는 전문용어 대부분은 꼭 알아야만 하는 것들이다.

지난 2002년 의정부지역에서 훈련을 마치고 귀대하던 미군 장갑차량에 치어 비극적인 죽음을 맞은 효순이와 미순이를 기억할 것이다. 당시 미군당국은 이 사건을 비극적 사고(tragic accident)라고 공식 발표하고는 사건을 은근슬쩍 마무리지으려 했다. 좀 이상한 게 느껴지지 않는가? 미국 드라마에선 사람이 숨진 사건을 homicide라고 하는데, homicide는 살해 의도 없이 실수나 사고로 사람을 죽인 과실치사(manslaughter), 죽어가는 사람을 보고도 구하지 않은 살인방조(negligent homicide), 살해 의도를 가지고 사람을 죽인 살인(murder)을 모두 포함하는 말이다. 하지만 비극적인 사고라는 말에는 사람이 죽었다는 사실이 빠져 있다. 무엇이 비극적이란 말인가? 여중생들이 죽은 것이 비극적이란 말인가, 아니면 미군들이 재수 없이 사고를 냈다는 게 비극적이란 말인가? 집에서 기르던 개가 차에 치어도 비극적 사고요, 애지중지하던 최고급 스포츠카가 찌그러져도 비극적인 사고다. 법정드라마나 형사물을 보면 이런 미묘한 차이를 금방 알 수 있다. 하지만 당시 법으로 먹고사는 검찰, 경찰, 외교통상부, 국방부 그리고 가장 적극적으로 시위를 주도한 시민단체조차 이런 미군의 표현에는 이의를 제기하지 않았다.

TV에서 방영되는 영화와 드라마는 살아 있는 교과서이다.

005

언어는 살아 있는 삶이다

언젠가 에스파냐에서 만난 국정원 직원은 "나 에스파냐어 한마디도 모르는데 자꾸 정보보고를 하라고 하면 에스파냐에서 발행되는 영문판 신문기사를 번역해서 보내줘요"라고 말하면서 영어 하나면 만사 오케이라고 말하는 것이었다. 물론 영어가 세계적으로 널리 쓰이는 말이긴 하지만, 외국 사정을 파악해 정보를 수집하는 사람이 에스파냐에서 영어만 가지고 만족한다니 이해할 수 없는 노릇이다.

일단 외국에 나가게 되면 무엇 하나라도 배우는 게 좋다. 그게 문화가 됐든 말이 됐든 음식이름이 됐든 말이다. 그게 생생히 살아 있는 정보 아닌가? 그런 정보가 쌓이게 되면 억지로 공부하지 않아도 자연스럽게 말을 익히게 된다. 국정원 직원은 집 밖으로는 한 발짝도 나가지 않았던 모양이다. TV도 영어로 방송되는 것만 봤나보다.

나는 독일 바이에른주의 한 작은 도시의 양로원에서 '몰래 바이트(Schwarzarbeit)'를 한 적이 있는데, 3개월 관광비자로 들어온 사람이 취업을 하는 게 불법이라 어쩔 수 없었다. 그 지역은 워낙 시골이다 보니 동양인을 직접 본 적이 없는 사람들이 많았는데, 노인들은 내가 다가가기만 해도 기겁을 했고 아이들은 나를 쳐다보며 손으로 눈을 당겨 동양인의 찢어진 눈을 흉내내곤 했다. 동양인의 찢

실례합니다.
지금 제가 도청 중인데요
에스파냐어를 못하거든요.
영어로 통역 좀 해 주실래요?

어진 눈을 영어로는 almond-eyed, 독어로는 mandeläugig라고 하는데, 아몬드열매처럼 옆으로 죽 찢어진 눈을 말한다. 할리우드의 중국계 배우인 루시 리우의 눈이 서양인이 상상하는 동양인의 대표적인 눈이다. 우리나라 연예인들의 크고 쌍꺼풀 진 눈을 보여주고 싶었지만, 연예인사진 같은 건 키우지도 않는 성격에다 당시는 인터넷도 겨우 보급되던 시절이어서 그러질 못했다. 불쌍한 그 동네 촌놈들은 아직도 내 쌍꺼풀 없는 보송보송한 눈을 '동양(東洋)의 눈(眼)' 이라 믿고 있을 것이다.

처음 양로원에서 일을 시작했을 때 노인들의 심한 사투리와 외국인에 대한 막연한 적대감 때문에 적잖이 고생을 했다. 다행히 직원 가운데 영어에 능통한 사람이 있어 내가 말을 못 알아들으면 영어와 독어로 친절하게 설명해 주었다. 100세가 넘는 노인들의 옹알거리는 발음도 어느 사이엔가 귀에 들어오기 시작했다. 하지만 노인들 대부분이 치매환자들이라 말에 논리가 없었기 때문에 무슨 말을 하는지 알아들어도 난감했던 게 한두 번이 아니었다.

한번은 한 치매 노인이 "이 친구 다 같이 먹는 생수병에 입대고 물을 마셨어요" 라며 마치 초등학교 1학년 아이가 선생님에게 장난친

친구를 이르듯 소리를 질렀다. 당시 나는 '입대고 마시다' 라는 표현을 적절히 할 수 없었는데 그 노인의 말을 듣고 그 표현을 알게 되었다. 이게 살아 있는 독어구나 하는 생각이 들었다. 잔에 물을 붓지 않고 병나발을 불었다는 의미를 독일어로 표현하면 Er hat aus der Flasche getrunken이고 영어로 표현하면 He just drank bottle이다.

독일에서 모은 돈을 들고 향한 나라는 아일랜드였다. 10년 전 아일랜드에는 새한미디어 직원들과 가족들, 대사관 직원, 선교사를 합쳐 고작 30명의 한국인이 살고 있었다. 아일랜드에서는 두 달간 머물렀는데, 영어를 배워볼 요량으로 어학학교에도 등록했다.

아일랜드에서의 영어수업은 만족스러웠다. 아일랜드 영어의 발음은 영국영어와 미국영어의 중간 정도이고 오늘날 미국 동부 영어 발음의 선조 격이다. th를 발음할 때 아일랜드 사람들은 우리가 학교에서 배운 예쁘고 깔끔한 θ 발음이 아닌 t 발음을 낸다. tree와 three가 같은 발음이 나는 것이다. 지금도 대부분의 영어구사자들이 내 발음을 들으면 "You have an accent, but I don't know what kind of accent you have(분명 외국발음인데 어느 나라 발음인지 모르겠네)" 라고 말한다. 아일랜드 억양이 내 영어에 묻어 있어 그럴 것이다.

아일랜드는 영어 사용국으로 분류되지 않는다. 국민들 모두가 영어를 하고 심지어 영국의 일선 학교에서는 아일랜드인 영어교사들이 영어를 가르치는데도 말이다. 아일랜드의 공식 언어는 고대 켈트어의 일종인 Gallic이다. 맥주를 마시다 생리현상이 급해 화장실에 뛰어 갔다가 Gallic 때문에 황당한 일을 겪기도 했다. 분명 남자(male)를 뜻하는 M이 써진 문을 열었는데 소변기가 보이지 않았고 여자(female)의 약자인 F가 써진 화장실에는 남자용 소변기가 보무당당히 자리잡고 있었다. 나중에 들어보니 내가 본 M은 여자를 뜻하는 mná, F는 남자를 의미하는 fir의 약자였다. 뭐든 모르면 촌놈 소리 듣는다.

아일랜드에서는 하숙을 하면서 맛없는 양고기와 파근파근한 감자를 무지하게 먹었다. 그런데 이 감자란 놈이 한국 감자하고는 달라 삶으면 가루가 묻어나왔다. 하숙집 아주머니가 우리나라 감자는 어떠냐고 묻는데 가루가 묻어나지 않는다는 간단한 말을 하기 어려웠다. 결국 하숙집 아주머니는 "You mean that Korean potato is not that flourish"라는 표현을 가르쳐 주었다. 매일 매일이 배움의 나날이었다.

한편 에스파냐에서는 1960년대에 태권도 사범으로 와 에스파냐 여자를 아내로 맞이한 분을 만난 적이 있다. "우리 애들? 다 에스파냐 애들이지. 여긴 인종차별이 없거든. 근데 생긴 건 내 얼굴인데 우리말은 하나도 못해." 그래도 시집간 딸에게 매일 전화해 안부를 묻고 손자들만 보면 굳은 얼굴에 웃음꽃이 피는 전형적인 한국의 할아버지였다.

그분은 음식 불만이 대단했다. "겨울에 비 좀 오면 삼겹살 구워 상추쌈 싸서 소주 한 잔 하고 싶은데 여기 오래 살았어도 삼겹살이 에스파냐어로 뭔지를 몰라서……. 아마 여기 친구들은 안 먹는 모양이야. 아침마다 빵 뜯어 먹는 것도 이제 신물이 나. 참 너 젊은 혈기에 여기 여자들이랑 무슨 일 치지 마라. 여기 유원지 중에 casa de campo라고 있는데 밤만 되면 아프리카에서 온 새카만 여자들이 줄을 선다. 거기 갔다 A로 시작하고 S로 끝나는 것 걸리지 말고 아무튼 몸조심하라고. 밥은 제때 챙겨먹지?" 자상하게 내 이성문제까지 지도하니 영락없는 선생님은 맞다.

그런데 나는 에스파냐 정육점에서 삼겹살을 보았다. 생전 처음 만난 그 아저씨와 함께 시장에 간 나는 고기를 손으로 가리키며 "이

거 주시고 얇게 썰어주세요"라고 했다. 나중에 하도 삼겹살을 사러 가자 정육점 주인은 "이건 panceta라고 하는 거야. 이 촌놈들아(los paletos!) 알겠어?" 그 쌀쌀맞은 정육점 주인 덕분에 삼겹살과 촌놈에 해당하는 에스파냐어를 배우게 되었다.

제아무리 외국어 단어를 많이 알면 뭐하나? 자기가 원하는 것을 적절하게 표현하는 것이 실력이다. 한 성질 하는 이웃들 만나면 자존심은 좀 상하지만 외국어는 절로 는다. 어찌하랴. 내가 외국에 있는 동안은 그 나라 어린애들에게도 배울 것은 배워야 하니 어쩔 수 없다. 일상 속에서 겪는 수모와 황당함은 결국 살이 되고 피가 된다.

외국에 나가는 경우가 생기면 무엇이라도 한 가지는 배워라! 그게 단어든 음식이름이든 무엇이든 상관없다.

006
눈뜬장님

독일 ZDF가 몇 년간 인기리에 방영한 〈문학사중주(das literarische Quartett)〉를 즐겨 봤는데, 매주 새로 나온 신간서적 가운데 하나를 골라 토론을 하는 프로였다. 진행자는 독일의 문학평론계 대부라고 불리는 마르셀 라이히 라니츠키와 오스트리아 여류 문학평론가 지그리트 뢰플러, 작가 헬무트 카라젝이었고 매주 다른 손님 한 명이 초대되었다. 항상 네 명이 출연하니 사중주(Quartett)라고 이름 붙인 것이다.

라니츠키는 원래 폴란드 출신 유대인인데 독일문학계의 거두로 성장한 인물이다. 노벨 문학상 수상자인 귄터 그라스 역시 라니츠키의 신랄한 비평을 피해가지 못했다. 몇 해 전 발간된 그라스의 소설 〈광야(das weitere Feld)〉는 통일이 되고 난 뒤 동독인과 서독인 간에 존재하는 거리감을 넓은 벌판으로 묘사한 야심작이었지만 라니츠키는 한마디로 쓰레기라고 평해버렸다.

한번은 주요 진행자인 라니츠키와 뢰플러가 진행 도중 의견충돌로 대판 싸움을 벌인 뒤 라니츠키가 돌연 프로그램 출연을 하지 않겠다는 성명을 발표해 문제가 됐다. 결국 방송국은 뢰플러만으로 프로그램을 계속 진행하려고 했지만, 라니츠키가 빠진 〈문학사중주)는 단팥 없는 찐빵, 고무줄 없는 팬티로 전락해 방송국은 이 프로그램을 흐지부지 종영했다. 내 입장에서는 괴팍한 영감, 할머니가 싸우는 통에 일주일에 한 번 있던 즐거움이 사라진 것이었다. 머릿속에 든 지식뿐 아니라 주책도 200퍼센트인 노인네들이라는 욕이 입에서 절로 나왔다.

라니츠키와 뢰플러가 격론을 벌였을 때 이게 바로 토론이구나 하는 생각이 들었다. 그런데 잘 들리던 이들의 대화가 어느 사이엔가 들리지 않아 멍하니 쳐다볼 수밖에 없었다. 내 독어가 겨우 이 정도 수준인가 하는 생각이 들었는데, 이 이야기를 들은 독일친구는 "걱정 마, 네가 못 알아들으면 독일 사람들도 못 알아들어"라고 말하는 것이었다. 이 경험을 통해 깨달은 사실이 있다.

자신이 잘 모르는 내용이 나오면 말이 상당히 빠르게 들린다는 것이다. 동양언어를 전혀 모르는 외국인에게는 한국어, 중국어, 일본어가 다 똑같이 들린다고 한다. 동양언어가 보편적으로 전설음이 많고 깊은 소리가 적다. 그러다 보니 서양인들의 귀에는 '쨍쨍' 금속이 부딪히는 소리로 들린다고 한다.

내가 라니츠키의 사정없는 독설(毒舌)과 뢰플러의 비웃음 섞인 문학적인 냉소(冷笑)를 알아듣지 못한 이유는 문학적 소양이 부족했기 때문이다. 그 프로그램의 목적이 배우지 못한 사람이나 하루 종일 땅과 씨름하는 농민들도 일주일에 한 번은 문화적 혜택을 누리게 하고 아주 어려운 전문적 지식을 모든 사람이 알아듣게 풀어서 설명하는 것인데도 냉정을 잃은 두 진행자가 자기들만의 언어로 이야기했기 때문이 아니었다. 중간 중간 등장하는 현학적이고 풍자가 녹아 있는 표현을 알아듣지 못했던 것뿐이다. 외국어를 익힐 때 TV 방송은 정말 좋은 교재이다. 하지만 방송에 의존해 말만 배우려고 해서는 안 된다.

각 언어권의 문화나 각종 지식 등을 갖추지 못하면 눈뜬장님이 될 수 있다는 사실을 명심해야 한다.

007

서양언어는 다 반말?

2년 전 어느 날 일본 마이니치(每日)신문을 보니 일본에서 아주머니들의 인기를 한 몸에 받고 있는 탤런트 배용준이 NHK의 영어강좌에 출연한다는 기사가 있었다. 연예담당 기자로 오래 활동한 선배는 "배용준이 영어강좌? 그 사람 내가 알기로 영어 못하는데……"라고 말하는 것이다. 그 기사가 나간 뒤 배용준의 매니저가 연락을 해 "영어강좌에 나갈 계획이 없다"며 기사정정을 요구했다. 일본인들의 영어콤플렉스가 한국에서 온 백기사 욘사마가 영어까지 가르친다는 환상으로 이어져 생긴 오보였던 것이다.

외국어를 배격하는 사람들이 많다. 주로 의사, 변호사, 기자, 예술인 등 전문직에 종사하는 사람들이 그런 부류다. 한마디로 외국어 없이도 사는 데 지장이 없고 주로 자신의 판단이나 끼로 먹고사는 communication이 전혀 필요 없는 사람들이다.

이런 사람들은 한결같이 우리말처럼 존댓말과 반말이 구별된 문화언어는 없고 존댓말도 모르는 상놈들 언어는 배울 필요가 없다고 주장한다. 모국어를 사랑하는 것은 좋지만, 잘못된 정보를 믿는 것도 바보가 되는 지름길이다. 영어에도 존댓말이 있고 일본어는 우리말보다 존댓말이 더 발달해 있다. 다만 존댓말을 쓰는 대상이나 방법이 우리와 조금 다를 뿐이다.

서양에서는 가족들 간에 보통 반말 투로 이야기한다. 19세기 영국에서는 부모님에게 존댓말을 썼지만, 딱딱한 인간관계는 이미 사라진 지 오래다. 그들은 잘 모르는 사람들에게 존댓말을 쓴다. 잘 모르는 사람들 간에는 어느 정도 거리를 두는 것이 예의이기 때문이다.

영화나 방송을 볼 때 잘 아는 표현들이 나오면 그들이 어떤 상황에서 어떤 느낌으로 그 표현을 쓰는지 주목해야 한다.

영어회화를 할 때 한국인은 존댓말과 반말을 잘 구분하지 못한다. Why don't you를 ' ~하시는 게 어떻겠어요' 라는 정중한 표현으로 잘못 알고 있다. Why don't you는 반말이다. ' ~해라' 라는 명령어다. 아무에게나 함부로 쓰는 말이 아니다. 이런 말투가 정중한 어투로 둔갑한 것은 미국 드라마에서 동료나 친구들끼리 가볍게 나누는 대화를 잘못 받아들였기 때문이다. 동방예의지국의 청년들이 천하의 불상놈으로 몰릴 수 있는 민감한 표현이다.

어휘 확보 전쟁

내가 대학에서 에스파냐어를 공부할 당시엔 제대로 된 에스파냐어-한국어 사전이 없었다. 한국 에스파냐어문학계의 대부 격인 한 교수님이 1970년대에 펴낸 사전이 있긴 했지만 고등학교 단어장 수준이었고, 출간 이래 개정을 한 번도 하지 않았는지 신조어는 물론 후천성면역결핍증 같은 단어조차 들어 있지 않았다. 에스파냐어문학계의 현직 교수들이 다 그 교수님의 제자이다 보니 누구 하나 위대한 스승의 업적에 도전할 생각은 꿈에서도 하지 않았던 것 같다.

그런 상황에서 한 외국어학원 강사가 그나마 내용도 풍부하고 실용성도 갖춘 에스파냐어사전을 펴내자 학생들은 너도 나도 그 사전을 사서 보기 시작했고, 에스파냐어를 가르치는 교수들은 격노하여 수업시간마다 잔소리를 했다. "수업시간에 왜 이런 허접한 사전을 들고 오죠? 여러분, 사전은 무기예요. 군인이 고장난 총 들고 전쟁터에 나가면 어떻게 되겠어요. 학원 강사가 쓴 거 말고 권위 있는 교수님께서 편찬하신 사전 보세요." 그 사전의 질이 좋다면야 누가 사보지 않겠는가?

우리의 외국어사전은 일본의 외국어사전을 번역한 수준을 아직도 벗어나지 못하고 있다.

이번 장에서는 외국어-한글 사전의 문제점과 전자사전의 편리함을 이야기하면서 어떻게 해야 효과적으로 어휘를 늘릴 수 있는지를 보여줄 것이다. 우리 외국어 사전은 외국어 단어와 우리말의 단어를 단순히 일대일 대응시키고 한정된 우리말로 그 의미를 표현하고 있다. 그래서 외국어 어휘가 주는 뉘앙스를 전혀 전달해주지 못해 동의어 모음집 수준을 넘어서지 못한다.

이는 어휘책 역시 마찬가지다. 어휘책 중에는 라틴어 어간과 어미 등을 활용한 어휘 설명이 많은데 이러한 방식은 어휘의 쏠림현상을 초래한다. 영어의 경우 라틴어뿐만 아니라 프랑스어, 독일어 등 여러 언어의 영향을 받았는데, 라틴어 어원을 통해 어휘를 익히게 할 경우 일상적으로 많이 사용하는 다른 언어에서 유래한 어휘들 놓치게 만든다.

그리고 어휘를 익힐 때 한자를 활용하면 외국어 어휘의 뉘앙스 차이와 동음이의어의 구별이 쉽고, 우리말로 표현하기 어려운 말을 쉽게 만들 수 있어 편리하다. 내 경험을 따라가며 어휘 확보 전쟁에서 승리하기 위해 나름의 전략을 세워보자.

008
가볍고 편리한 전자사전

대학시절 함께 자취를 하던 왕백이라는 부산친구가 있었다. 이 친구의 일본어 실력은 거의 완벽에 가까웠지만 일본에는 한 번도 가본 적이 없었다. 이 친구가 어떻게 공부하나 하고 살펴봤는데, 외국어 공부를 하면 몇 개씩 무겁게 가지고 다니기 마련인 사전이 보이지 않았다.

"사전도 없이 어떻게 공부를 하나?"라고 물으니 이 친구는 "난 전자사전 쓰는데. 친척이 일본에서 사다줬어"란다. 그래서 "그거 몇 년 지나면 새로 사야 하는 것 아냐?"라고 물었더니 참 불쌍한 친구라는 듯이 나를 쳐다보며 "전자사전에는 대형사전 대여섯 개가 수록돼 있고 요즘은 음성 지원도 돼. 사전이 보통 10년 단위로 개정되니까 크게 문제될 건 없어. 외국어 하는 데는 이거 하나면 그만이야. 가격이 좀 부담스럽긴 하지만."

이 친구의 장담에도 왠지 전자사전을 구입해 공부할 생각이 들지 않았다. 종이냄새, 잉크냄새를 맡아가면서 하는 것이 공부라고 생각했고 단어를 찾으려고 종이사전을 뒤지다 보면 생각지도 않았던 좋은 표현도 많이 눈에 띈다는 믿음 때문이었다.

　이런 내 완고한 생각에 친구는 "어학을 공부라고 생각했어? 차라리 고시를 하지? 언어는 공부가 아니라 몸으로 익히는 운동 같은 거야. 너 당구치는 폼을 보니 운동신경 꽝이더라. 아무튼 머리가 나쁘면 몸이 고생하지"라며 조소를 퍼부었지만 그때는 애써 무시했다. 물론 아침에 도서관 계단을 나비처럼 올라가는 친구를 보며 부러워한 적도 많았지만 말이다.

　그러던 어느 날 결국 사전이 나를 죽일 뻔한 사건이 벌어졌다. 학교를 졸업하고 언론사 국제부에서 일할 때였는데, 당시 이라크사태가 장기화되면서 미국과 이라크 간에 지루한 공방전이 이어졌기 때문에 퇴근이 불가능했다. 며칠 간 집에 들어가지 못하다가 모처럼 만에 귀가해 문을 열어보니 정작 전쟁이 터진 곳은 우리 집이었다. 그동안 내 어깨를 괴롭히던 두꺼운 사전들이 꽂힌 책장이 결국 그 무게를 이기지 못해 무너졌던 것이다. 결국 독한 마음을 먹고 일본의 유명 사전전문 출판사인 고지엔의 일일사전과 케임브리지 영영사전 등 대여섯 개의 사전이 들어 있는 전자사전을 사고 말았다.

　국제부 뉴스 룸에서 CNN나 FOX TV의 뉴스를 매일 듣고 있으면 뉴스로 먹고 사는 인생이 지겹게 느껴지면서 슬슬 슬럼프가 찾아온다. 이럴 때 집에 혼자 앉아서 맥주 한 잔 마시며 보는 외국 드라마는 나에게 있어 생활의 활력소였다. 이때 큰마음 먹고 샀던 전자사전이 제 기능을 발휘했다. 드라마를 보면서 놓치는 단어나 표현들을 바로바로 찾을 수 있기

선배님!
도서관 가냐!
주의
사전이
타고있어요

때문이다. 정확한 철자를 몰라도 들은 대로 철자를 누르다 보면 근접한 철자를 가진 단어들을 찾아주기 때문에 단어 찾기가 편하고 단어를 찾으면 정확한 발음까지 들려주니 스승의 역할까지 하는 셈이다. 그리고 전자사전에는 적어도 대여섯 개 정도의 외국어 사전이 동시 수록돼 있기 때문에 2~3개 외국어를 동시에 공부하는 사람에겐 전자사전이 너무나 편하다.

전자사전의 장점을 하나 더 든다면 엄청난 양의 숙어를 파악하기 쉽다는 것이다. 움베르토 에코의 〈푸코의 진자〉 이탈리아어판을 읽은 적이 있다. 이 책은 세계적인 기호학자이자 6개 국어가 자유롭고 읽고 쓸 수 있는 언어만도 몇 가지나 되는 천재가 쓴 글이고, 백과사전적인 지식이 없으면 접근이 어려운 책이다. 이 책에서 나를 괴롭혔던 이탈리아어 특유의 관용어구가 지금도 기억나는데, '거리의 사람들(la gente della strada)' 라는 표현이다. 무슨 말인지 알 수 없어 고민을 하다가 아는 이탈리아인에게 물어보니 의외로 뜻은 간단했다. 노태우 대통령이 유행시킨 말인 '보통사람' 이었다. 거리에서 돌아다니는 사람이니 보통사람이 맞긴 하지만 외국인 입장에서 이 뜻을 얼른 파악하기 어려웠다.

에스파냐어와 마찬가지로 이탈리아어 역시 특유의 재치와 유머가 발달한 탓인지 관용어구가 엄청나다. 또 이탈리아는 19세기까지 분열돼 있다 뒤늦게 통합된 나라이다 보니 사투리도 심한데, 사투리 일부가 관용어구로 표준어에 흡수된 경우도 많다. 로마의 서점

에 꽂힌 관용어사전의 엄청난 양에 그만 기가 죽었었는데, 전자사
전 하나면 이 문제는 해결된다.

 **2퍼센트 부족한 사전, 한자를 적극 활용하여 극복하자**

외국어를 공부할 때 전자사전이고 종이사전이고 한글로 설명된 사
전은 피하는 게 좋다. 한국의 유명대학 교수들이 공동집필한 사전
의 경우 강의실과 연구실을 전전하고 무슨 학회다 해서 바쁘신 교
수들이 사전 만든다고 서로 매일 회의할 리가 없거니와 외국어를
전공하는 교수들은 대부분 한국어 실력이 별로 좋지 않다. 외국어
사전을 만들기 위해서는 언어 및 각 학문, 과학, 기술 분야 등에서
활동하는 전문가들이 모여 장기간에 걸친 토론과 수정보완 작업을
거쳐야 하는데 한국에서는 그런 작업을 수행하기 어렵다. 우리 외
국어 사전은 항상 부족할 수밖에 없다. 최근에는 독일 Duden사의
사전을 우리말로 번역한 사전도 나왔는데 수록된 어휘는 쓸모 있는
게 많다. 하지만 우리나라 출판사들의 우리말 해석법에는 역시 만
족할 수 없다. 각 어휘가 가지는 느낌을 전달하지 못하기 때문이다.
　예를 들어 eat이라는 말은 '먹다', '식사(食事)하다' 라는 의미다.
보통 사람들은 먹다나 식사하다나 다 같은 뜻인데 쓸데없이 왜 시
비를 거느냐고 할지 모르지만 내 생각은 조금 다르다. 이 말은 어떤
의미에서 보면 동의어가 아니다. '먹다' 라는 말은 생명을 연장하기

위해 음식을 먹는다는 말에도 쓸 수 있지만 독약을 먹다, 정식 식사는 아니지만 간식으로 과일이나 과자를 먹다고 할 때도 쓸 수 있다. 심지어 영어나 우리말, 에스파냐어에서는 '먹다'라는 말이 성관계를 가졌다는 의미로도 쓰인다. 이에 비해 '식사'는 그야말로 가난한 사람이건 부자건 자기 형편에 맞게 하루 세끼 먹는 식사의 의미가 강하다. 이처럼 먹다와 식사하다가 주는 어감은 확연히 다르다. 우리말이나 외국어에는 비슷한 의미의 단어들이 많다. 이 단어들이 어떤 뉘앙스를 가지고 있고 단어마다 어떤 차이가 있는지를 사전에서 느낄 수 있어야 한다. 이런 느낌의 차이는 한자를 활용하면 보다 분명히 표현할 수 있다.

한글전용주의의 영향 때문인지 우리말 외국어 사전에서는 일상에서 흔히 쓰이는 달리다, 먹다, 자다와 같은 말은 순수 우리말로 표현하고 전문적인 약이름, 기계, 전문용어 같은 것은 한자어로 쓴다. 한자어나 외래어의 침략으로부터 그 존폐가 위태로운 우리 순수언어를 보존하는 데 사전업계가 앞장서는 것 같은데 외국어 교육에 미치는 악영향은 엄청나다. 같은 뜻이라면 한자어나 외래어보다는 한글을 쓰자는 취지는 이해가 되지만 그렇게 간단한 문제가 아니다.

예를 들어 영어사전에는 '기다'라는 단어가 두 개 나오는데 creep과 crawl이다. 대부분의 사전에서 creep은 두 손과 두 발로 기는 것, crawl은 뱀과 같은 동물이 바닥에 배를 붙여서 기는 것이라고 설명되어 있다. 그런데 만일 군대의 신병훈련소에서 이 말을 쓴다면 낮은 포복(怖伏)은 crawl, 높은 포복은 creep라고 말할 수 있다. 그런데 '기다' 라는 말로 이 두 단어를 설명하려면 말이 너무 길어진다. 하지만 한자어 '포복하다' 라는 표현 한마디면 설명 끝이다. 얼마나 경제적인가?

한자를 이용하면 각 글자 고유의 뜻 외에 일상에서 쉽게 사용할 수 있는 유용하고 쉬운 표현을 많이 만들 수 있다. 또 모든 나라 말에 존재하는 동음이의어(同音異議語)를 한자를 이용하면 잘 구별할 수 있다.

일본에서는 아예 한자어와 순수 일본어를 병행하는데, 어감의 차이를 살려 미세한 의미의 차이까지 만들며 어휘를 늘려가고 있다. 동물이 겨울 동안 깊이 잠드는 것을 표현할 때 우리말로도 동면(冬眠)과 겨울잠을 같이 쓴다. 일본에서도 冬眠과 冬籠り라는 말을 함께 사용하는데, 冬眠은 한자, 冬籠り는 순수 일본어다. 그런데 이 冬籠り는 겨울이라는 冬과 잔뜩 웅크린다는 뜻의 籠る가 합쳐진 말로 곰과 같이 겨울잠을 깊게 자지 않고 배가 고프면 겨울에도 깨어나 돌아다니는 동물의 습성을 표시하고 있다. 우리말의 등산(登山)이라는 말을 일본어에서는 보다 세분화해서 쓴다. 등반장비를 가지고 암벽을 타는 직업적인 등산이 登山이고 뒷동산에 올라가는 정도는 山登り다. 순수 일어와 한자의 뜻 차이로 인해 어휘가 세분화된 것이다.

끝으로 단순한 뜻글자라는 한자가 위치이동을 하면 미묘한 뜻의 변화를 전달한다. 불가에서 집을 나와 절에 들어가는 것을 출가(出家)라고 한다면 이 글자의 앞뒤 순서를 바꾸면 문제 청소년들이 집을 뛰쳐나와 부모님 속을 태우는 가출(家出)이 된다. 일본어에서 息子는 아들이라는 의미지만 子息이라고 하면 남의 아들을 높여 부르는 '자제분' 정도에 해당하는 말이다.

외국어를 익힐 때 어휘는 무조건 많이 외우면 최고라는 단순한 교육방식은 이제 한물갔다. 아무리 우리말로는 뜻이 같더라도 외국어에서 미세한 의미 차이를 보이는 말이 있으면 처음 대할 때부터 분명히 구별해야 하고 뜻은 같지만 말의 어감이 다르면 한자이든 외래어이든 최대한 동원해 그 느낌의 차이를 잡아야 한다.

한자를 활용하면 외국어 어휘의 뉘앙스와 등음이의어를 쉽게 구별할 수 있고 일상에서 편하게 쓸 수 있는 쉽고 유용한 표현을 만들 수 있다.

009
어휘책은 영어의 죽음

대학에 들어가니 토익시험을 대비한 Vocabulary나 Wordpower 같은 제목의 책들이 서점에 쏟아져 나와 어휘책의 전성시대를 이뤘다. 이 어휘책들은 라틴어나 그리스어의 어간과 어미에서 영어가 어떻게 파생되는지를 설명했는데 상당한 인기를 모았다. 한 예로 de에는 '~로부터 떨어져나가다', capitate에는 '머리'라는 뜻이 있는데, decapitate는 이 둘이 합쳐 머리가 떨어져나간다, 즉 '참수하다'라는 의미가 된다고 설명했다. 무엇보다 이런 교재는 단기간에 어휘를 익혀 외국어학습에 자신감을 불어넣어 준다는 장점이 있었다.

그런데 영어를 포함한 여러 외국어를 하게 되면서 이런 부류의 교재에 대한 회의가 생겼다. 이런 책들의 가장 큰 단점은 언어를 받아들일 때 문장이나 표현이 아니라 단어 자체에만 집착하게 만드는 경향이 있다는 것이다. 언어를 하나의 집으로 본다면 단어는 벽돌에 해당하지만, 철근·콘크리트·유리·단열재·기와 등 엄청나게 다양한 재료 없이 벽돌만으로는 집을 지을 수 없다. 단어의 의미는 상황에 따라, 어떤 전치사나 부사와 결합하느냐에 따라 변하는 것이다.

또 이런 어휘책은 영어를 영어가 아닌 우리말로 해석하고 이해하도록 하는 필요 없는 공정을 거치게 한다. 단어에 대한 친절한 한국어 설명은 고맙지만, 영어를 공부하는 사람에게는 오히려 독이 돼 영어로 문장을 만들려면 우리말이 먼저 떠오르는 장애를 초래한다.

라틴어나 그리스어가 아무리 영어에 지대한 영향을 미쳤다고는 해도 이들 언어는 영미인들에게도 외국어이고 다시 배워야 하는 말이다. 그래서 라틴어와 그리스어의 어원을 활용한 어휘책을 들고 영어를 배우는 것은 한자로 설명된 한국어 단어장을 달달 외우며 우리말을 공부하는 것과 똑같다. 이런 교재는 수험서로는 상당히 유용하다. 시험에서 자주 출제되는 단어를 모아놓은 이 책을 달달 외우면 정답을 고를 확률이 높아지기 때문이다.

라틴어나 그리스어에서 유래한 단어나 숙어를 중심으로 어휘를 모아놓은 것도 문제다. 영어권에서 만난 에스파냐, 이탈리아 등 라틴계 친구들에게는 한 가지 공통점이 있었는데, 라틴계 단어는 너무나 잘 알아들으면서 북부유럽이나 유럽의 가타 다른 지역에서 유래한 너무나 일상적이고 평범한 어휘는 전혀 알아듣지 못했기 때문이다.

 **With turf가 건초를 들고 싸우자는 말이라고?**

〈마이클 콜린스〉라는 영화를 본 적이 있는데, 마이클 콜린스가 군중 앞에서 연설하는 장면에서 한글자막에 오역이 있었다. 제1차 세

계대전에 참전한 영국이 아일랜드에 주둔한 영국군을 유럽대륙에 보냈으니 독립의 기회는 지금이라고 주장하는 콜린스에게 한 사람이 "우리는 아무것도 없는데 무엇으로 싸우냐"고 묻자 콜린스는 "With turf"라고 대답한다. 그때 우리말 자막에는 건초라고 되어 있었다. 도저히 무슨 말인지 알 수 없었다. 건초를 들고 총칼로 무장한 영국군에 대항하자는 것인가?

이 장면에 등장하는 turf는 건초가 아니라 이탄(泥炭)이다. 이탄을 지칭할 때는 보통 peat라는 단어를 쓰지만, 아일랜드에서는 turf를 더 많이 쓴다. 자막 번역자가 이탄을 의미하는 독일어 Torf를 알았다면 그런 실수를 하진 않았을 것이다. 아일랜드와 스코틀랜드에서는 옛날부터 난방, 조리용으로 이탄을 많이 썼고 위스키를 증류할 때도 이탄이 쓴다. 이 지방 위스키가 유명한 이유는 증류를 하는 과정에서 이탄의 훈향(熏香)이 들어가 위스키 특유의 냄새가 나기 때문이다. 실제로 콜린스가 창설한 아일랜드공화국군(IRA)은 이탄에 불을 붙여 영국군 보급창고나 탄약고를 공격하여 엄청난 전과를 거뒀다. 이런 문화역사적인 사실을 알고 있었더라도 건초라는 말은 나오지 않았을 것이다.

외국어를 이중으로 공부를 하면서 어휘책이 남긴 상처가 회복됐다. 어휘책이 라틴어, 그리스어 같은 구닥다리 언어에 기초를 둬 현대영어에 접근했다면, 제2외국어들, 특히 유럽언어는 영어와 마찬가지로 현대인들이 매일 사용하는 언어이다. 서로간의 영향도 크다. 라틴어와 그리스어가 영어에 상당한 영향을 미치긴 했지만, 로마 멸망 후 1600년간 영어 생성에 구체적으로 영향을 미친 언어는 불어, 노르만어, 색슨어 등 무수한 민족언어들이다.

현대 언어 가운데 이들 후예의 언어인 독어나 불어 등을 배우면 단어나 어휘 같은 단편적인 지식이 아닌 영어문법, 어법, 속담 등의 지식이 한꺼번에 들어오는 엄청난 효과가 생긴다. 한 예로 영어에서 비문법적인 요소로 문법상 틀렸지만 그냥 쓰인다는 식으로 어물쩍 넘어간 분야가 아주 확실히 들어오는 예도 있다.

He is taller than me라는 문장을 보자. 우리가 배운 학교문법대로라면 이 문장은 He is taller than I라고 해야 하지만 me가 들어선다. 만일 불어를 아는 사람이 이 문장을 보면 같은 뜻의 불어문장인 Il est pleu grand que moi를 생각할 것이다. 불어에서 주격이라도 목적격형태로 전환되는 현상이 현대영어에도 살아남은 것이다. 참고로 다른 유럽언어는 거의 예외 없이 He is taller than I라는 식으로 말하지만 불어는 예외다. 이중언어 구사자는 이런 면에서 어휘습득뿐 아니라 문법에서 설명이 되지 않는 불규칙을 이해하는데 여러모로 유리하다. 관용어구나 이처럼 문법적으로 설명이 되지 않는 것을 보면 대부분 교사들은 "문장을 많이 접하면 자연스레 터득할 수 있다"고 주장하지만 이는 자신들이 설명할 수 없으니 외우라는 말과 다르지 않다. Boys be ambitious라고 말해도 모자란 판국에 '학생들이여, 생각하지 말고 시키는 대로 외워라' 라고 말하는 셈이다.

에스파냐어, 불어, 독어 등 서양언어를 공부하다 보면 이런 기존 문법으로는 알 수 없는 표현을 이해할 수 있게 된다. 나는 독어를 공부할 때도 영어를 한 셈이고 영어를 할 때는 에스파냐어를 익힌 것과 같다. 이런 문법에 맞지 않는 표현이 다른 언어에도 반복돼 나오니 자연히 반복학습이 된 것이다. 이유 없는 무덤은 없고 처녀가 애를 낳아도 할 말은 있다지 않나? 이유 없이 하늘에서 뚝 떨어진 것은 어디에도 없다.

010
순수어휘 확보 전쟁

우리말을 풍부하게 하기 위해서는 다른 언어에는 있지만 우리말에는 없는 어휘를 추가하거나 외래어를 받아들이거나 기존에 사용하던 외래어를 대체할 순수어휘를 만들어야 한다. 역사적으로 볼 때 자국의 말을 풍부하게 하려는 노력들이 끊임없이 이어져 왔는데, 특히 자국의 언어를 장악하던 외래어를 대체하는 순수어휘를 찾기 위한 노력은 대단했다.

오늘날 전 세계를 석권한 영어는 불어나 라틴어의 영향을 크게 받았는데 영국에서는 민족주의가 대두하자 불어-라틴어계 단어를 순수 영어로 바꾸자는 운동이 일어났다. 영국이 더 이상 프랑스 왕의 제후가 아닌 독자적인 왕을 두면서 벌어진 일이다. 19세기 시인 윌리엄 반스는 라틴계 단어인 양심을 의미하는 conscience를 몰아내기 위해 inwit라는 고대 영어를 되살려냈다. 조류학을 뜻하는 단어 ornithology에 맞서 birdlore라는 말을 새로 만들었고 동의어라는 뜻의 synonym을 대치하기 위해 matewording이라는 말을 지어냈다. 세계적인 학문언어라는 독어도 이런 과정을 거쳤다. 1617년 폰 안할트는 '종려나무 교단' 이라는 단체를 만들어 독어의 독일화

(Verdeutschung) 운동을 실시했다. 그들은 수백 년 간 쓰던 라틴계 단어를 대체하기 위해 순수 독어단어를 조합해 새로운 단어를 만들었는데, 그중 일부는 아직 살아남아 있다. 질병 등의 예방을 의미하는 Vorbeugung이나 모임의 회장을 의미하는 Vorsitzender가 대표적인 예이다. '미리', '앞의' 라는 뜻을 가진 독일어 vor을 붙여 '미리 막다' 는 의미의 Vorbeugung와 '앞에 앉다' 는 의미의 Vorsitzender를 만든 것이다. Vorsitzender은 president와 같은 뜻으로 위원회나 회의에서 회장이 맨 앞에 앉기 때문에 나온 말이다.

이 외에도 일상적으로 쓰는 단어를 여러 개 합쳐 제3의 뜻을 가진 단어를 창조하기도 했다. 독일같이 추운 북유럽에는 별로 없는 고슴도치를 Nadelschwein 즉 '바늘돼지' 라고 하는데, 돼지(Schwein)처럼 생긴 것이 바늘(Nadel)을 잔뜩 달고 있다는 의미다. 하긴 영어로 porcupine이라는 말도 라틴어로 돼지인 porcus와 소나무처럼 뾰족한 잎이 많은 침엽수를 의미하는 pine이 합쳐진 말이니 마찬가지이긴 하다. 이런 노력의 결과 독어에는 뜻이 같거나 비슷한 라틴계 어휘와 게르만계 어휘가 많다. 어휘의 양이 는 것이다. 그러나 상당히 많은 단어가 오늘날 사전이나 일상생활에서 사라지기도 했다. 어휘를 급조하다 보니 쓰기 불편하고 논리적으로도 맞지 않는 단어가 많아서였다.

이런 순수언어운동의 명맥이 살아남은 경우도 있다. 특히 15세기 아메리카대륙에서 들어온 대표적인 농작물인 감자와 토마토는 유럽인들을 기아의 공포에서 구한 일등공신이다. 이 작물을 부르는 명칭에는 새로운 단어를 쓸까 기존단어를 조합해 새 뜻을 만들까 하는 갈등의 흔적이 남아 있다. 오스트리아 산간지역에서는 지금도 독어로 Kartoffel이라 불리는 감자를 Erdapfel이라 한다. 땅이란 단어인 Erd와 사과를 의미하는 Apfel이 결합해 땅에서 나는 사과라는 신조어가 만들어진 것이다. 멕시코가 원산지인 토마토를 가장 많이 먹는 사람들은 스파게티나 피자소스의 재료로 토마토를 쓰는 이탈리아 사람들이다. 이탈리아어로 pomodòro라고 불리는 토마토는 '황금의 사과' 라는 뜻이다. 사과를 의미하는 pómo와 황금을 의미하는 oro가 합쳐진 말인데, 아마 토마토를 처음 본 이탈리아인들은 인간을 에덴동산에서 쫓아낸 신성불가침의 선악과를 생각했을지도 모른다.

 **외래어는 다양한 사물과 상황을 제대로 표현하려는 인간의 노력의 결과**

유럽언어가 크게 변한 것은 로마제국이 멸망하고 게르만족이 로마 영토 내에 왕국을 세우던 3세기경과 프랑스혁명과 나폴레옹 전쟁과 함께 휘몰아친 시민혁명의 여파가 강하던 18~19세기다. 특히 시민혁명과 나폴레옹 전쟁은 오늘날 유럽언어를 만든 기초라 할 수 있다.

시민혁명군에 쫓긴 프랑스 귀족들이 유럽 다른 나라로 탈출해 프랑스왕정에서의 귀족문화는 물론 불어까지 전파하면서 불어단어나 표현을 다른 유럽언어에 많이 퍼트렸다. 나폴레옹 전쟁도 유럽언어를 크게 변화시켰는데 내가 아는 이탈리아인과 오스트리아인, 스위스인 가운데는 나폴레옹 전쟁으로 인해 조상이 다른 나라에서 군인으로 왔다 탈영해 현지여성과 결혼해 낳은 자손인 경우가 많다. 전쟁을 통한 인구의 이동과 정착도 불어의 전파에 한몫한 것이다. 나폴레옹에게 패한 뒤 초기부터 나폴레옹 편에 선 오스트리아에서 쓰는 독어는 독일의 독어와는 확연히 차이를 보인다. 예를 들어 경찰을 독일에서는 '보호하는 사람' 이라는 뜻으로 Schutzmann이나 Polizist라고 하는데 오스트리아에서는 Gendarm이라 한다. 불어에서 gendarme는 헌병이나 민병대 등을 의미한다. 불어, 이탈리아어, 독어가 함께 사용되는 스위스에서는 독어권에서 쓰는 말에 불어단어를 차용하는 경우도 많다. 독어로 Fahrrad이라고 불리는 자전거를 스위스 독어권에서는 불어단어를 차용해 Velo라고 한다. 언어는 사람이 말하는 것이고 사람에 의해 유지되고 변한다. 단지 몇몇의 언어학자들 간의 약속으로 만들어지거나 소멸하는 것이 아니다. 결국 외래어가 들어와 사용되는 것은 다양한 사물을 제대로 표현하려는 인간의 노력의 결과인 것이다.

그럼에도 유럽에서 외래어가 아닌 순수 민족어를 보존하려는 운동이 벌어진 데는 여러 가지 원인이 있다. 독일은 오랫동안 분열돼 있다 보니 표준어를 만들 필요성이 있었다. 19세기까지는 일정한 문법, 어휘가 없었기 때문에 독일어를 사용한다 하더라도 지역에 따라 의사소통이 어려웠다. 결국 하노버어를 중심으로 순수 독일 표준어가 만들어졌다. 이 순수 독일어는 별도의 라틴계 단어를 외우지 않아도 쉽게 이해할 수 있는 민중의 언어였기 때문에 문맹률을 낮추는 데 기여했다. 그런데 중요한 사실이 하나 있다. 기존의 라틴계 단어를 없애지 않았다는 것이다. 오늘날에도 독어를 공부하는 사람들은 거의 대부분 같은 뜻을 가진 라틴계 단어와 게르만계 단어를 동시에 배워야 한다. 독일어를 사용하는 사람들은 이런 라틴계와 게르만계 언어의 조화를 통해 2배의 어휘와 함께 자신들의 말을 자연스레 삶 속에서 해석하는 생활사전까지 보유한 셈이다.

011

핫도그는 뜨거운 개?

불어의 순수어휘 확보전은 캐나다에서 두드러졌다. 오늘날 프랑스는 공공장소에서 불어를 쓰는 것을 강요하며 영어권의 침략에 저항하는 나라로 알려졌는데, 그들의 이런 언어정책이 대서양건너 캐나다의 퀘벡에서는 200년 전에 시작됐다. 한 예로 우리가 자주 먹는 대표적 미국음식인 핫도그를 보자. 프랑스에서는 영어단어 hot dog가 그대로 쓰인다. 비록 불어에서 h는 발음이 없기 때문에 '오도그'라고 하지만 말이다. 그런데 몇 년 전 캐나다 퀘벡에 가보니 핫도그를 '시앵 쇼(chien chaud, 뜨거운 개)'라고 발음해 놀랐다. 이 단어를 들은 한 벨기에 친구의 반응이 우습다. "아주 꼴값을 떠네, 쇼를 해라, 쇼를 해" 이런 극렬한 언어숙청작업은 아마도 프랑스가 식민지를 잃은 뒤 밀려드는 영어권 세력에 대한 저항이겠지만, 결국 퀘벡 불어를 아주 매력 없고 폐쇄적인 언어로 만들었다. 오늘날 프랑스인도 알아듣기 어려울 지경으로 언어가 달라진 것이다.

우리나라에서도 비슷한 운동이 벌어졌는데 바로 한자말살정책(漢字抹殺政策)이다. 한때 우리나라에서는 한자어를 쓰지 말고 한자어에 한자병기를 하지 말자는, 아니 한자 자체를 쓰지 말자는 분위기

Cien Chaud!
QUEBEC
ONLY FRENCH
we are not Canadian
THIS IS NOT ENGLISH

가 있었다. 한글로만 표기하고 순우리말을 찾아 쓰자는 것이었다. 지금이야 한자열풍이 불고 있지만 말이다. 그런데 한자에는 우리말에 필요한 너무나 유용한 기능이 있다. 뜻을 분명히 해준다는 것과 뛰어난 조어력이다.

서양언어를 공부하다 보면 동음이의어가 너무 많아 피곤하다. 흔히 잘 쓰는 단어 가운데 dry는 보통 마르다는 뜻으로 많이 쓰는데, 이 단어는 dry cleaning, dry ice 같은 외래어까지 탄생시킨 말이다. 그런데 이 단어는 의미도 다양하고 의외로 술과 관계가 깊다. dry party라고 하면 술을 마지지 않는 파티 즉 '금주(禁酒) 파티'이다. dry에는 술을 마시지 않는 금욕주의(禁慾主義)의 뉘앙스가 숨어 있는데, 영어가 미국에 건너가면서 청교도사상과 결합해 생겨난 결과라고 보인다. 또 포도주 가운데 뒷맛이 좀 씁쓸한 포도주를 dry wine이라고 한다. 그리고 동일한 단어가 뜻뿐 아니라 품사까지 수없이 바뀌는 현상도 일어나는데 이런 것들이 외국인이 외국어를 배우기 어렵게 하는 주된 이유다. 외국어를 억지로 외워 머릿속에 밀어 넣어도 용례가 다양하면 회화나 작문을 할 때 바로 입에서 튀어나오지 않는다.

하지만 우리말이나 일본어는 한자를 표기법으로 적극 활용하기 때문에 한자로 조합한 새로운 용어는 보기만 해도 무슨 뜻인지 알 수 있다. 한자를 알면 사전에 의지해 장님 문고리 잡는 식으로 어렵게 글을 읽을 필요가 없어진다.

새로운 어휘를 만드는데 한자만큼 탁월한 기능을 발휘하는 것은 없다. 순수 우리말로 최근 만들어진 어휘라면 '도우미', '동아리', '누리꾼', '얼짱', '몸짱', '얼꽝', '몸꽝' 정도가 아닐까? 이래가지고는 범람하는 외래어의 홍수에서 우리말이 살아남기 어렵다.

혹자는 왜 외국어 학습법 얘기를 하면서 한자타령이냐고 타박을 줄지 모르지만 한번 공부해 보라. 외국어를 공부하더라도 외국어에 등장하는 말에 해당하는 우리말이 없다면 그것만큼 답답한 것이 없다. 어떤 언어학자의 추정에 따르면 우리말의 어휘는 영어의 4분의 1에 불과하다고 하다.

우리말로 '겁주다'를 영어로는 scare, threaten, blackmail, intimidate, daunt 등으로 표현할 수 있는데 뜻이 조금씩 다르다. scare은 누구를 공포(恐怖)로 몰아넣은 것이고 threaten은 그야말로 상대가 하지 않은 사실에 대해 책임을 물으며 겁주는 공갈협박(空竭脅迫)이고 blackmail은 상대의 약점(弱點)을 잡아 공격하는 것이다. intimidate는 회의 등 의견을 교환하는 장소에서 상대방의 의견을 묵살하고 좌중을 압도(壓倒)하는 것이고 daunt는 상대방의 기(氣)를 꺾는 것을 의미한다. 이렇게 한자를 이용하면 영어단어의 미묘한 뉘앙스 차이까지 최대한 차별화해 익힐 수 있기 때문에 어떤 상황에서도 알맞은 표현을 찾을 수 있다.

나는 한글이 열등하다고 말하는 것도 아니고 한자가 뛰어나다고 말하는 것도 아니다. 우리말을 표현할 때 한자를 적극 활용하자는 것

뿐이다. 세계는 발전하고 변화하는 사회현상을 얼마나 효율적으로
표현하느냐를 두고 어휘전쟁을 벌이고 있다. 경쟁적으로 상대의 언
어를 받아들이고 자기말로 소화시키는 것이 문화국력의 척도이다.

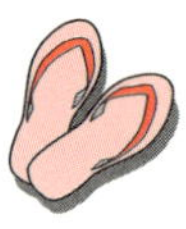 **일본은 한자왕국**

옛말에 '귤이 회수(淮水)를 건너면 탱자가 된다(橘化爲枳)' 는 말도
있다. 전래된 지 수천 년이 지난 한자는 이제 우리말에 녹아 그 원래
의 성격도 변하고 말았다. 인천 차이나타운에서 맛보는 자장면처럼
말이다.

한자로 새로운 말을 만들고 세계에서 가장 많은 한자를 담은 한자
사전을 만드는 나라는 다름 아닌 일본이다. 현재 일본제 한자는 우
리말뿐 아니라 중국어에도 깊이 침투해 있는데 일본이 한자로 성공
한 데는 나름대로의 노하우가 있다. 우리는 한자가 뜻글자라고만 기
억하고 있는데 일본인들은 한자의 음, 글자의 생김새를 새로운 단어
를 만드는 데 적극 활용했다. 예를 들어 미국 달러화를 의미하는 $
를 한자 중 모양이 비슷한 弗로 번역한 것은 일본인들의 작품이다.

이 외에 한자의 음과 뜻을 살려 이를 혼용해 쓰는 지혜가 보이는
데 이런 일본인들의 언어정책을 이해하지 못하면 한자는 그 뜻만을
활용하는 것이라는 잘못된 믿음을 지닌 한국인들은 일본어 단어를
읽는데 상당한 어려움을 겪는다. 우리가 한번쯤은 거쳐 갔을 千字

文의 첫글자는 하늘 천(天)이다. 하늘은 이 天자의 뜻이고 천은 음이지만 대다수의 한국인들은 천은 한자고 하늘은 우리말이라고 오해를 하는 것 같다. 일본에서도 天은 そら로도 발음하고 てん이라고도 하는데 전자는 뜻이요 후자는 음이다. 그런데 우리가 천과 하늘을 한자 vs 우리말로 나누는데 비해 일본인들은 そら도 일본어고 てん도 일본어라고 본다. 우리나라에서는 새로운 단어를 만들 때 한자는 반드시 한자하고만 결합하고 우리말은 우리말과 합쳐져야 한다는 규칙 아닌 규칙을 만들어 어휘생성에 큰 장애물이 되었다. 예를 들어 天자 위에 國이 오면 천국(天國)이고 같은 뜻으로 하늘나라라는 말을 만들어 쓰고 있다. 우리말에서는 天나라, 하늘國이라는 단어는 절대 성립되지 않는다. 그러나 일본어에서는 굳이 이것은 한자고 다른 것은 일본어라는 개념이 없이 한자의 음과 뜻이라는 생각만 가지다보니 새로운 말을 만들 때 우리 관점에서 보면 한자+일본어, 일본어+한자로 새로운 말을 만들어내는 것이다.

　예를 들어 우리나라 아주머니들이 일본여행을 다녀올 때 꼭 사오던 코끼리표 밥솥인 象印(ぞうじるし) 밥솥을 보자. ぞう는 코끼리 상(象)자의 한자음이고 뒤에 있는 しるし는 인(印)자의 뜻으로 상표를 의미한다. 이런 식의 조합이 가져오는 가장 큰 장점은 순수 일본어와 한자어가 서로 대결하지 않고 모두 다 살아남을 수 있다는 점이다. しるし라는 말로 새로운 말을 만들어 사용하니 순수 일본어도 살아 있고 같은 뜻의 순수 한자어인 商標(しょうひょう)도 쓰니

한자와 일본어가 다 같이 공존하는 것이다. 하지만 한자와 우리말이 서로 공존할 수 없고 대결해 둘 중 하나는 없어져야 한다고 여긴 한국에서는 결국 상표의 순수 우리말은 없고 상표(商標)만 남았다.

이런 상호 생존관계의 언어습관이 없다 보니 한국인이 일본어를 익힐 때는 단어읽기가 단어외우기보다 어려울 수밖에 없다. 그런데 요즘 들어서 한국사람들도 순수 한글+한자어로 만들어진 신조어를 스스로 개발하는 것 같다. 이와 같은 예가 바로 엄지족이라는 말이다. 휴대전화 SMS메세지를 엄지손가락만을 이용해 자유자재로 보내는 신세대를 지칭하는 말인데 엄지라는 한글과 족(族)이라는 한자가 앙상블을 이루지 않나?

우리는 항상 밀려드는 외래어, 한자에 밀려 우리말이 존폐의 위기에 봉착해 있다고 착각하는 것 같은데 일본어를 자세히 보면 우리말의 영향이 거꾸로 많이 남아 있다는 사실을 발견할 수 있다. 일본어의 얼음이라는 단어는 '코오리(氷)' 라 하는데 이는 우리말 얼음이 '얼다' 라는 말에서 온 것처럼 이 말도 '얼다' 라는 뜻의 '코오루(凍る)' 라는 단어에서 비롯되었다. '얼다' 라는 말이 등장하기 전 고대에는 추위에 물이 어는 모습을 보고 액체가 고체로 변해 '굳었다' 고 믿었다. 이 '굳다' 가 일본에 건너갔고 그 뒤 사람들이 추위에 액체가 얼음으로 변하는 현상을 묵이나 두부같이 원래 액체였다 딱딱하게 응고되는 현상인 '굳다' 와는 차별화를 두어 '얼다' 로 지칭한 것이 아닐까? 결국 '굳다' 라는 말은 고드름이란 말만 남기고는 오늘날 전혀 다른 의미로 사용되고 있다. 하지만 일본어에서는 한반도에서의 이런 변화에 아랑곳하지 않고 굳다를 凍る로 계속 써온 것 같다. 참고로 일본어에서 고드름은 얼음기둥이라는 뜻의 氷柱(つらら)라고 하는데 이 말은 눈이 많은 곳에 사는 아이누족 말인 것 같다. 이처럼 언어는 서로 영향을 주고 받는 것이고 우리도 우리 조상들이 남긴 언어유산을 잘 활용해 한자와 우리말 왕국을 건설하는 것은 어떨까?

012
나라마다 독특하게 발달한 어휘

언젠가 멧돼지가 서울시내에 나타나 사람들을 공포로 몰아넣은 적이 있다. 멧돼지는 미국에서 wildboar가 아니라 razorback이라고 하는데, 전기면도기로 민 것처럼 등에 빳빳한 털이 났다는 의미이다. 멧돼지는 모양이나 크기가 사는 지역에 따라 천양지차다. 유럽산 멧돼지는 작고 귀엽지만, 아시아산 멧돼지는 화가 나면 호랑이도 피해갈 정도로 억세고 거칠다.

각 나라의 언어에는 환경 등의 영향으로 독특하게 세분화된 어휘들이 많다.

유럽어는 유럽인의 조상이 유목민들이다 보니 양이나 소, 말 같은 동물의 구분이 세분화돼 있다. 이를테면 거세한 말과 그렇지 않은 말이 각 나라마다 명칭이 다르고 경마용 말에 대한 명칭도 갖가지다.

일본은 원예가 발달해 일본어에는 원예 관련 어휘들이 많고, 자연 신앙의 영향으로 풀이나 나무에 대한 명칭이 다양하다. 일본인들은 자연을 정복의 대상으로 보지 않기 때문에 동물이나 식물을 식용으로 사용할 때 쓰는 용어는 그다지 다양하지 않다. 고려 말 이후 몽골의 영향으로 고기를 많이 먹은 우리 조상들은 고들개, 곤자소니, 구넝살, 꾸리, 다대, 둥덩이, 떡심, 멱미래, 맷고기, 비역살, 수구레, 이보구니, 젖부들기, 횟깟 같은 고기부위를 지칭하는 말을 100가지 넘게 나눠썼지만, 일본어에는 그런 것이 없다. 일본에서는 불교의 영향으로 육식을 금기시해 메이지 시대에는 고기 먹기 운동이 벌어질 정도였다.

대신 생선에 대한 명칭은 아주 다양해서 소위 출세어(出世魚)라는 것도 있다. 즉, 어려서의 명칭과 커서의 명칭이 다른 고기로, 우리로 치면 명태가 새끼 때는 노가리로 불리는 것과 마찬가지다. 방어가 대표적인 출세어로 새끼 때 이름이 はまち, 커서는 鰤(ぶり)라고 한다. 이에 비해 우리말은 주로 씀바귀, 냉이 등 산에서 나는 나물류의 명칭이 다양하다.

이렇게 각 언어에는 역사와 환경에 따라 세분화된 어휘들이 존재한다. 이러한 어휘를 알아두려면 최소한 이에 상응하는 우리말을 모조리 알아야 한다. 외국어를 본격적으로 익히려면 우선 우리말사전에 나오는 단어들 즉 우리말 어휘를 많이 알아야 한다. 단어가 무엇을 지칭하는 말인지를 모르면 단어를 외워도 쓸모가 없으니까.

참고로 한자는 외국어의 뜻을 세분화시켜 어휘력 향상을 돕는다. 한자교육을 강화하자고 하면 아직도 강한 거부반응을 느끼는 사람들이 많은데, 이런 사람들은 크게 두 부류로 분류할 수 있다. 한 부류는 참다운 언어생활을 해본 적이 없는 사람들이다. 우리말을 하면서도 글을 쓰거나 읽는 일이 별로 없는 사람들이다. 쓰는 어휘나 표현이 일상대화를 벗어나지 못하니 한계를 느끼지 않는 것은 당연할 것이다. 두 번째 부류는 '이 나이에 무슨 영화를 보려고 한자공부를 하냐'는 게으름쟁이들이다. 이들은 스스로 게으르다는 말은 절대 하지 않고 다만 한자가 그다지 필요하지 않다는 식으로 몰아가는데, 공부하기 싫으면 혼자 하지 말지 학교시스템 망쳐가며 다른 사람도 하지 말라는 식의 놀부 심보는 어디서 나온 것인지 의심스럽다.

당근과 홍당무도 구별 못하는 사전

목구멍이 포도청이라고 외국에 나가면 나는 그 나라 음식에 대한 명칭을 제일 먼저 배운다. 에스파냐에서 매콤한 고추장에 열무김치를 넣고 밥을 비벼 먹거나 각두기라도 만들고 싶은데 열무가 보이지 않았다. 열무나 무라는 말도 몰라 물어보지도 못했다. 결국 사전과 씨름을 한 끝에 nabo라는 말을 찾았는데 이번에는 시장 어디에도 이 nabo를 파는 곳이 없는 것이다. 알고 보니 에스파냐에서 무는 사람이 먹기 위해 재배하는 것이 아니라 주로 가축사료용이란다. 어디를 가나 우리 음식을 고수한 덕에 재료를 구하려고 때마다 애를 먹었다.

일본에서도 잡채를 해먹으려고 당면(唐麵)을 찾았는데 일본에서는 중국국수라는 뜻의 당면보다는 봄비라는 뜻의 春雨라는 단어가 더 많이 쓰인다. 이유는 모르지만 투명하고 가는 면발이 지루한 겨울 뒤에 봄소식을 알리는 비처럼 보인 모양이다.

서양언어를 쓰는 나라에서는 무 때문에 고생을 많이 했는데, 사전에 나오는 radish라는 단어를 믿고 썼다가는 낭패를 본다. 총각김치 담기 좋은 매콤한 맛의 무는 영어로 turnip, 독어로는 Rübe라고 한다. 더 큰 단무지용 무가 영어로 radish, 독어로 Rettich, 에스파냐어로 rábano라고 하는데, 이 무는 매운 맛이 별로 없는 일본 무라 김치 만들기에는 그저 그렇다. 미국에서는 단무지 무를 아예 일본어를 그대로 받아 daikon이라고도 한다.

세계 각국을 다녀봤지만 유럽, 호주, 미국은 물론이고 일본에서도 우리나라에서 나는 상추, 배추, 무의 맛을 그대로 재현하는 채소는 찾지 못했다. 배추는 대부분 중국배추라 배추 속이 고소한 그런 배추가 아니다. 상추는 가장 가까운 일본에도 없는 채소다. 일본의 불고기집에서는 국산상추를 수입해 쓴다. 달면서 맵고 육질이 단단한 김장용 무는 어딜 가도 찾기 힘들다. 그나마 비슷한 것이 에스파냐에서 찾은 nabo다. 앞에서 말한 총각김치용 무랑 비슷하게 생긴 잘록한 놈인데 우리말 사전에는 '순무'라고 나와 있다. 그런데 난 솔직히 순무가 어떤 건지 모르겠다. 무도 종류가 다양하겠지만 내가 태어나서 본 무는 열무, 단무지용 못생긴 무 등 몇 가지가 되지 않는다. 그리고 겉은 빨갛고 속은 흰 홍당무를 실제로 본 것도 아주 최근

일이다. 결국 순무가 우리가 먹는 열무와 비슷한 것이라는 사실을 알고 아주 불친절한 설명만을 수록한 사전을 원망할지 어리석은 도시촌놈인 나를 원망할지 고민하다 한글사전과 인연을 끊냈다. 외국어사전은 백과사전이나 식물학도감이 아닌데 식물학에서나 등장할 무의 품종을 써놓으면 어느 누가 알아보겠나?

심지어 상당수의 우리말 사전에는 당근과 홍당무가 동의어로 표시됐는데 외국어를 많이 한 사람은 누구나 이 말이 거짓이라는 것을 안다. 영어에서 엄연히 다른 말인 carrot과 red radish, 독어도 Karotte와 Radieschen으로 다르다. 당근은 속까지 붉은 색인데 비해 홍당무는 잘라보면 안은 희고 맛도 당근과는 달리 맵다. 이 두 야채는 모두 외래종으로 중국이나 다른 나라를 통해 유입된 것 같다. 그런데 당근이 먼저 온 뒤 뒤늦게 들어온 홍당무를 그냥 붉은 당근이라는 뜻으로 부른 말이 홍당무라고 생각된다. 결국 우리나라 사전은 홍당무와 당근도 구별 못하는 존재란 말인가?

일반인을 대상으로 한 사전이면 일반인 눈높이에 맞춰야 한다. 일본에서 방어가 새끼때 이름이 はまち, 커서는 鰤(ぶり)인 이유도 방어가 어릴 때는 지방이 많아 회로 먹고 커서는 익혀먹어야 하기 때문이다. 먹는 사람이 어떻게 받아들이느냐에 따라 사물은 그 명칭마저 변한다.

아무리 자취를 오래했어도 남정네는 어쩔 수 없는 남정네인지라 나는 요리용어에 아주 약하다. 요리용어는 각 나라사람들이 먹는 요리재료, 조리방법 등 쓸모 있는 표현이 아주 많다. 우리나라는 국물문화가 발달해서인지 그냥 '삶다' 라는 표현도 졸이다, 푹 고다, 달이다 등 여러 가지가 있는데 독어 같은 경우는 그냥 '끓이다' 로 만사 해결된다. 재료도 서양언어가 유목민족의 후예답게 유제품을 처리하는 용어가 많다면 우리말은 식물성 발효식품인 김치, 간장, 된장 등에 관련한 말이 많다. 끝으로 무에 관련한 이야기를 하면 지금은 유럽에서 가축사료로 전락했지만 무는 수분이 풍부하고 비타민이 많아 유럽인들에게는 겨울철 비타민 공급원으로 각광받았던 황금시절도 있었다. 그러던 것이 신대륙에서 감자가 도입되면서 감자에게 주류자리를 내주고 지금은 짐승사료로 전락한 것이다. 이제 무는 에스파냐 시장에서 찾아보기 어려워졌지만 동유럽에서는 아직도 가끔은 시장에서 식품용으로 팔린다. 참고로 우리가 먹는 무(蕪)는 한자어다. 얼마 전까지 몰랐었다. 없을 무(無)에 풀초(草)변을 붙여 식물이라는 것을 강조한 이 글자를 보면서 조상의 지혜를 반만 물려받은 부끄러운 후손이라는 생각이 든다. 무의 뜻도 모르면서 외국에 나가 무를 찾았으니 아이들 만화에 등장하는 배추도사, 무도사가 배꼽을 잡을 일이다.

CHAPTER 3

소리를 잡아라

1990년대 초까지만 해도 외국어를 배우려는 사람들에겐 외국문화원이나 학교도서관은 정보의 보고였다. 다른 방법으로는 외국의 드라마라든가 토론프로그램이나 외국 문물을 접하기가 힘들었다. 외국어전문학교인 한국외국어대학 도서관은 그래도 외국 대사관이나 문화원에서 보내온 신문, 잡지로 장사진을 이뤘다. 이런 외국 신문과 잡지들은 현지소식에 목말랐던 학생들의 유일한 돌파구였다. 당시 슈피겔의 문화면의 영화 소개 기사를 눈여겨 읽은 기억이 난다.

그런데 1990년대 중반부터 인터넷이 보급되면서 현지 언론과 여러 방송 매체 그리고 사이트를 통한 외국 문물을 직접 접할 수 있게 되었다. 그때부터는 단순히 현지 소식이 아니라 어떤 신문이나 잡지가 보다 수준 높은 문장을 구사하는지 그리고 실제 외국인들은 자기네 말을 어떻게 발음하는지 등이 관건이었다. 그때가 외국어와 본격적으로 싸움을 시작한 지 3년이 지나서였다.

내가 한국외대를 다닐 때 혜택을 본 것이 있다면 실시간으로 방송되는 세계 30여 개 국의 방송을 볼 수 있었다는 것이다. 뉴스나 시사

토론 같은 프로그램이 대부분이었다. 저녁에는 도서관을 나와 방송실에서 한 시간 정도 TV를 시청하곤 했다. 인터넷이 발달한 지금은 집에서 컴퓨터로 외국의 방송을 실시간으로 볼 수 있으니 세상 좋아졌다는 말이 절로 나온다. 인터넷은 신문, 방송, 음악, 영화를 편하게 볼 수 있는 환경을 제공했다. 인터넷은 정보의 바다이기도 하지만 최고의 어학교재로 등장했다.

이 장에서는 인터넷과 기타 매체를 통해 어떻게 외국어를 익힐 것인가를 보여줄 것이다. 특히 한국인은 외국어를 익힐 때 외국어 발음을 가장 힘들어 한다. 한국인은 외국어를 한국식으로 발음하는 고질병을 안고 있기 때문이다. 이를 극복하는 방법을 터득하게 되면 듣기와 말하기가 한결 수월해질 것이다.

일방적으로 이야기하는 뉴스와 같은 프로는 되도록 피하는 것이 좋다. 말이라는 것은 한 사람이 주절거리는 것이 아니기 때문이다. 대화를 위한 외국어를 위해서는 대화를 주고받는 토론프로그램이나 드라마가 좋다. 이런 프로그램은 구체적인 상황에서 대화를 전개하기 때문에 어떤 상황에서 어떻게 표현하는지를 느끼게 해준다.

013

차표 한 장 손에 들고 독일에서 왔어요

몇 년 전 우연히 야니라는 독일 고등학생을 알게 되었는데 우리말을 제법 할 줄 알았다. 그런데 야니가 우리말을 배우게 된 사연이 재미있다. 부모님과 함께 부산 아시안게임을 보러온 야니는 거리에서 흘러나오는 '뽕짝'에 푹 빠진 채 독일로 돌아갔다. 트로트에 심취한 야니는 인터넷을 통해 한국음악을 들을 수 있는 사이트를 찾았다. 음악사이트는 노래뿐만 아니라 가사까지 제공하기 때문에 야니는 음악사이트를 통해 트로트를 들으며 한국어를 공부했고 자신의 진로도 한국학으로 정했다고 한다.

그런데 야니가 베를린자유대학 한국학과에 당당히 입학해 대학생이 돼 돌아왔다. 어렵게 연락이 된 야니와 소주 한 잔을 걸치는데, 한국학을 전공하는 독일 대학생이 왔다는 소식에 인근에 사는 한국학전공의 프랑스인 마누엘도 합석했다. 둘이 만나 하는 이야기가 걸작이었다. "난 송대관이 좋은데." "난 태진아가 좋아." "가사는 태진아 가락은 송대관인 것 같아." "그래도 우리 현철형님 노래는 누구에게나 무난하지."

트로트 이야기만 하다 밤을 새울 분위기였다. 결국 프랑스 대 독일, 태진아 대 송대관의 대결은 노래방으로 이어졌다. 통통한 야니와 비쩍 마른 마누엘은 노래방에서 시종일관 마이크를 놓지 않았고 함께 간 한국인들은 그들의 모습을 멍하니 쳐다보기만 했다.

야니는 "베를린에 사는 한국 사람들은 나보고 곰돌이래. 살이 포동포동 쪄서 무슨 곰돌이 푸우 같다나." 이 정도 수준의 한국어를 노래만 듣고 익혔다는 게 놀라울 따름이다.

야니는 인터넷을 통해 트로트를 듣고 따라 부르며 우리말을 익혔다. 야니의 학습방법은 탁월하지 않을 수 없다. 인터넷을 통하면 수없이 반복해서 노래를 들을 수 있고 따라 부를 수 있다. 트로트는 리듬이 완만하고 비교적 가수들의 발음이 정확해서 비교적 정확한 발음을 익힐 수 있다. 야니와 마누엘이 좋아하는 송대관, 태진아, 현철 등의 가수들은 사실 사투리를 쓰는 사람들이다. 하지만 노래를 부를 때는 누구나 쉽게 듣고 따라 부를 수 있게 정확히 발음한다. 그리고 후렴구가 천천히 몇 번 반복되니 같은 말을 반복 연습하기가 좋다.

야니는 트로트로 한국어를 배우면서 이별, 사랑, 효도를 못 다한 아들의 그리움, 고향에 대한 그리움 등 한국인 특유의 정서를 느낄 수 있었다고 한다. 야니는 "기쁠 때나 슬플 때나 아무 부담 없이 들을 수 있는 노래가 한국 트로트"라고 했다.

야니의 이야기를 듣고 보니 내가 처음 에스파냐어를 접했을 때가 생각났다. 한 6개월 정도는 중남미 노래를 들었는데 운동권 선배들

한국 말은
어떻게 배웠냐?
잘하는데?
송대관 아저씨
노래 듣고
배웠지.
차표 한 장
손에~ 들고~

이 신입생 수련회 때 처음 가르쳐준 칠레 사회당 주제가부터 발라드까지 각종 노래를 다 섭렵했다. 베네수엘라의 리카르도 몬타네르(Ricardo Montaner)와 멕시코의 아나 가브리엘(Ana Gabriel)을 특히 좋아했다. 다른 언어를 처음 시작할 때도 한 3~4개월은 단어와 문법은 제쳐두고 노래만 들었다. 이탈리아 가수 라우라 파우시니(Laura Pausini)가 특유의 고음으로 부른 〈고독(solitudine)〉은 첫사랑에 실패한 내게 용기를 주기도 했다. 노래를 들으면서 자연히 나는 서구인들의 목소리에 익숙해졌고 외국어에 더욱 흥미를 갖게 되었다.

외국어 특히 서양언어의 발음을 가르칠 때 한국의 교사들은 구강 구조 모형을 들고 서양인들이 알파벳 한 글자 한 글자를 발음할 때 입 어느 부분을 이용한다는 식으로 수업을 한다. 예를 들어 θ 발음은 앞니 밑에 혀를 대고 긁어주며 발음한다는 식인데, 이런 교습법은 발음의 특징은 알려줄지 모르지만 듣기에는 전혀 도움이 되지 않는다. 우리말과 영어는 모음과 자음의 발음이 본질적으로 다르다. 이런 사실을 입모양만 보여주고 이해시킬 수는 없다. 인간이 가장 못 듣는 소리가 자신의 소리라는 점을 안다면 이런 어리석은 교습법은 당장 버려야 한다.

 **한국인은 모음에 약하다**

한국에 온 외국인들을 놀라게 하는 것이 두 가지 있다. 하나는 잘 정

비된 지하철이다. 지하철왕국이라는 도쿄도 국철에서 사철을 갈아
탈 때 환승통로가 연결돼 있지 않아 표를 두 번 사는 불편을 겪는데,
서울 지하철은 전혀 그런 불편함을 주지 않는다. 그리고 지하철역
이름이 비슷한 게 많다는 것이다. 지하철역 인근에서 시간약속을
하기 싫을 정도라고 한다.

한국 사람들은 한글모음 ㅗ를 무조건 영어의 O와 동일하게 발음
된다고 생각하는데, 열린 모음이 많은 미국영어에서는 O가 ㅏ에 가
깝게 발음된다. 용산을 Yongsan으로 표기하면 '양산'과 유사하게
발음되는 것이다. 외국인들은 서울지하철 2호선에 있는 신촌역과
신천역을 제대로 구분하지 못한다. 외국인들 대부분은 신촌을 '신
찬'이라고 발음할 뿐만 아니라 외국어에는 ㅓ 발음이 없기 때문에
한국어를 배우지 않은 사람은 신천을 발음하기가 쉽지 않다. "신촌
가서 쇼핑하려고 했는데 도착하니 고층아파트단지가 나오더라"라
는 푸념을 한두 번 들은 게 아니다. 한국 사람들이 O 발음을 무조건
ㅗ라고 생각하는 것은 발음연습도 제대로 시키지 않은 채 알파벳만
쓸 줄 알면 바로 교과서 진도를 나가기 때문이다. Oh! My God을
'오! 마이 곳'이라고 하는 사람은 하나도 없는데도 용산을 양산으
로 표기하는 이유는 무엇일까?

한국인을 상대하는 업무에 오랫동안 종사한 한 미국인 변호사는
"미국에서 아무리 오래 살았어도 한국인들이 못하는 발음이 있는데
그게 바로 i예요"라고 말했다. 짧은 i의 발음은 우리말의 ㅔ와 ㅣ의

중간발음인데, 한국 사람들은 한결같이 ㅣ로 소리를 낸단다. 미국인들은 i를 장음처리를 할 때 ㅣ처럼 힘주어 소리 낸다. 그래서 한국 사람이 i 발음이 나는 단어를 말할 때 미국인들에게는 전혀 다른 단어로 들릴 수 있다. 한글 모음식으로 적당히 발음하기 때문에 이런 문제가 생기는 것이다.

　다른 외국어의 경우에도 한국인이 가장 약한 부분은 모음이다. 모음이 고작 다섯 개뿐이라 발음이 쉽다고 믿는 일본어의 예를 들어보자. 일본어를 좀 한다 하는 사람 중에 일본 제2의 도시 '오오사카(大阪)'를 '오사카'로 발음하는 사람을 자주 만난다. 장음으로 大를 처리하지 않으면 자칫 小로 오인할 수 있다. 큰 비탈길이라는 의미의 오오사카가 작은 비탈길(小阪)이 될 수가 있는 것이다.

014

태초에 미국영어, 영국영어
그리고 경글리시가 있었다

경상도 사람들은 영어로 말을 하면 특유의 억양과 특정 자음을 발음하지 못하기 때문에 우습게 들린다. 그래서 영어에는 미국영어, 영국영어, 경글리시가 있다는 농담을 하기도 한다. 다른 지방 사람들도 경글리시를 흉볼 일은 아니다. 외국인이 듣기에는 경상도 사람이건 다른 지방 사람이건 발음을 못하기는 마찬가지이기 때문이다.

과거에는 f를 ㅎ으로 p를 ㅍ으로 발음했는데 지금은 모두 ㅍ로 발음한다. 한 피지인은 "한국인들이 '피지'라고 하는데 우리나라 Fiji를 말하는 건지 처음에는 몰랐다"고 한다. 우리에게는 별 것 아닐지 모르지만 외국인의 귀에는 이런 사소한 발음차이가 엄청나게 크게 들린다.

서양언어를 발음할 때 가장 심각한 문제는 자음에 모음을 붙여 한글식으로 발음한다는 것이다. b, c, d, f 같은 자음은 우리말의 자음과는 결정적으로 다른 속성을 가지고 있다. 한글의 자음이 반드시 모음과 결합해야 발음되는 반면 알파벳 자음은 고유의 음가를 가지고 있다. suburb의 두 번째 b는 혼자 소리가 나는데도 한국인들은 친절하게 모음 ㅡ를 붙여 '서버브'라고 발음한다.

일본어를 발음할 때도 마찬가지다. 김영삼 전 대통령이 일본 TV에 출연해 한반도 관련해서 토론을 하는 것을 보다 대통령이 일본어 つ를 자꾸 '쓰'라고 해서 어린아이가 발음하는 것 같아 쓰러지는 줄 알았다. 한국인이 つ 발음을 못하는 것은 오래전부터 잘 알려진 사실이다. 관동대지진 때도 이 자음이 들어간 단어를 발음하게 해 조선인인지 아닌지를 가렸는데, 이 발음을 잘 못하는 일본 사람도 많이 죽었다고 한다.

에스파냐어에는 한국인들의 귀에 생소하게 들리는 발음이 있는데, 'ㄹㄹㄹㄹ르'라고 떨리는 경음이다. 한국어에는 없는 발음이다. 보통 rr로 표기되는 이 발음을 제대로 발음하기 위해 나는 양치질을 하면서 'ㄹㄹㄹㄹ르' 하고 연습했고 이 발음이 들어간 단어나 문장을 입에 달고 살았다. 철로라는 뜻의 ferrocarril(페ㄹㄹㄹㄹ로까ㄹㄹㄹㄹ릴)이라는 단어나 로물루스와 레무스는 로마인이다라는 의미의 Romulo y Remo son romanos 같은 문장을 말이다. 이 발음은 한국인에게는 무척 생소하고 어려운 발음이다. 에스파냐어의 s, c, z 역시 우리말로는 표기가 불가능한 강한 s 발음인데 우리말 ㅅ과는 달리 성대가 떨리지 않는 무성음이다. 외국어 자음을 우리말 모음 ㅡ를 붙여 발음하는 습관을 버릴 수 있도록 연습하자. 외국어 자음 중 ㅡ가 붙어 발음되는 것은 없다.

뿌르르르로까르르르릴

자음 두 개가 겹칠 때 발음이 사라지는 현상에도 한국인은 약하다. 올리버 스톤 감독의 영화 〈platoon〉의 한국어 제목은 〈플래툰〉인데, platoon의 발음은 한글로 표기가 불가능하다. 사실 우리말처럼 자음과 모음이 결합해 발음되는 것이 이상적이다. 소리가 더 분명하고 공명도 멀리까지 나가기 때문이다. 그런데 이 단어의 p와 l 중간에는 모음이 없다. 이렇게 되면 강세가 강한 쪽이 약한 쪽 발음을 잡아먹는 자음간 동족상잔 현상이 일어나 '퍼툰' 과 비슷하게 발음된다.

트림을 의미하는 belching도 '벨칭' 이 아니라 '베으칭' 비슷하게 발음된다. hill의 경우 l이 두 번이나 나오는데 앞의 l과 뒤의 l이 부딪히면서 '힐' 이 아니라 '히어을' 처럼 들린다. film 역시 l과 m이 부딪혀 '피엄' 이라고 들린다. 무성음인 s와 t가 겹치는 경우엔 두 자음의 소리가 작아지긴 하지만 다 보존된다.

참고로 한국인이 발음을 할 때 가장 실수를 많이 하는 영어단어 중 하나는 자산(資産)을 의미하는 asset인데, 보통 앞의 a가 아니라 뒤의 e에 강세를 준다. 그런데 두 개 이상 겹쳐 있는 자음 뒤의 모음에는 여간해서 강세가 오지 않는다. 앞의 자음 두 개를 소화시키기도 어려운 데 뒤의 모음에 강세를 주라면 너무 가혹하다. 이 경우 앞의 a를 길게 읽어야 한다. address의 경우에는 모음이 자음을 부담스러워하는 현상이 더 명백하다. 미국영어에서는 a에 강세를 줘 '어드레스' 가 아니라 '애드레스' 처럼 발음된다. 이런 자음과 모음의 관계를 알면 발음과 강세 두 마리 토끼를 잡을 수 있다.

자음간의 동족상잔 현상은 문장에서도 나타난다. 노근리양민학살사건을 처음 폭로한 AP통신의 기사제목이 〈Kill' em all〉이었다. Kill them all을 발음되는 대로 쓴 것인데, Kill의 끝 자음 l과 뒤의 th가 충돌해 th가 발음이 안 되는 것이다. 단어 하나하나의 발음에만 매달리면 듣기는 요원하다.

목소리에 익숙해지면 듣기가 편하다

동양인이 듣기에 대부분의 서양인 목소리는 깊은 곳에서 강하게 울리는 것 같다. 서양인의 목소리에 익숙해지면 서양언어 듣기가 한결 편해지는데, 야니처럼 노래를 통해 친숙해지는 것도 좋다. 목소리에 익숙해지는 데는 역시 많이 듣는 게 최고다. 나는 영화나 노래를 작은 소리로 틀어놓고 잠을 잤는데, 두세 달이 흐르자 서양인의 목소리가 낯설지 않게 느껴졌다. 막 잠이 들려는 순간에 인간의 감수성이 가장 예민해지기 때문이란다.

수면 듣기연습을 하게 된 계기는 이탈리아 성악가 루치아노 파바로티 때문이었다. 파바로티는 이탈리아 천재 성악가 엔리코 카루소의 일생을 그린 〈카루소〉라는 노래를 불렀는데, 그 가사내용을 알고 싶어 열심히 들었다. 당시 이탈리아어에 조금씩 자신이 붙을 때였지만, 도무지 파바로티의 말소리가 들리지 않았다. 한번은 CD를 그냥 틀어놓고 잠이 들었는데 다음날 파바로티가 부르는 노래의 가사가 조금 들리는 것이 아닌가. 그때부터는 자주 CD를 틀어놓은 채 잠을 자곤 했다.

015

한국인의 혀를 잠그는 족쇄, 철자

"일본 사람들 영어 잘 못한다죠?" 일본에서 살다왔다면 한국 사람들은 이런 말을 건넨다. 결론부터 말하자면 일본 사람들이 영어를 못하는 건 사실이다. 그렇지만 한국 사람보다 못한다고 말하기는 어렵다. 내가 보기에 한국 사람이나 일본 사람이나 영어 못하기는 마찬가지다.

일본어는 존경어 구조가 대단히 복잡한 말이다. 오죽 했으면 멀쩡한 명문대를 나오고도 직장에 취업을 하면 제일 먼저 받는 교육이 존경어교육일 정도다. 말 한마디 잘못해서 신세망치기 딱 좋을 정도로 언어에 대한 예절교육이 엄한데, 외국어를 할 때도 혹시 실수를 하지 않을까 애간장을 태우니 제대로 말이 나올 리가 없다. 한국인은 철자로 소리를 잡으려고 하는 버릇 때문에 혀가 굳는다.

독일어나 에스파냐어는 철자와 발음이 비교적 일치한다. 독어에는 같은 뜻을 가진 라틴계 어휘와 게르만계 어휘가 함께 존재한다. 사람의 배설물 같은 단어에도 순수독어계열의 Stuhlgang, 라틴어계열의 Exkremente가 있다. 독일어와 소리가 다른 라틴어를 받아들이기 위해 라틴어 철자를 독일식으로 수정하면서 발음과 철자를 통일시킨 철자법을 완성했다. 그래서 철자가 소리 나는 대로만 발음하면 된다.

그런데 영어권에서는 발음과 철자를 통일시키려는 노력이 없었기 때문에 영어에는 철자와 발음이 일치하지 않는 경우가 많다. 영어단어의 발음과 표기가 일치하지 않아 생기는 혼란을 극복하기 위해 한국 학교에서는 발음과 철자가 다른 단어가 나올 때마다 사전에 나오는 발음기호를 외우게 했다. 하지만 단어를 외울 때마다 발음기호를 같이 외우기도 힘들고 발음기호를 외웠다고 해도 제대로 발음이 되지 않으니 철자를 우리말식으로 소리 나는 대로 읽으며 단어를 외우는 버릇이 생긴 것이다. 외국인이 우리가 하는 영어를 잘 못 알아듣는 것은 당연하다.

우리말의 자음은 모음이 붙어야만 소리가 난다. 하지만 영어의 자음 각각은 고유한 음가가 있어 스스로 소리를 내고 음가가 다른 자음들이 합쳐지면 새로운 소리를 만들어낸다. th는 θ 소리가 나고 sh는 $\int$, tch는 $t\int$ 소리가 난다. 또 하나의 자음이 두 가지로 발음되는 경우도 있는데, 이는 자음 뒤에 어떤 모음이 오느냐에 따라 달라지는 것이다. c와 g가 대표적이다. c 뒤에 a, o, u가 오면 k 발음이 나고 i, e가 오면 s 발음이 난다. celebrity와 car를 비교하면 알 수 있다. 그리고 묵음이 모음 사이에 들어가면 앞뒤의 모음이 장모음이 된다. colonel을 보면 l이 묵음이고 앞뒤의 o가 하나로 연결돼 길게 발음된다. 그런데 단어의 맨 뒤에 오는 자음이 묵음이면 바로 앞 모음의 발음을 짧게 만든다. numb이 대표적인데 b가 발음이 되지 않고 u 발음은 짧아진다. 자음의 발음은 비교적 쉬운 편이지만 모음의 발음은 쉽지 않다.

앞에서 애기했듯이 한국인은 긴 소리를 내는 모음과 짧은 소리가 나는 모음을 구별해서 발음하지 못하는데 반드시 구별해야 한다. 모음이 두 개가 붙어 소리가 나면 길게 발음된다. ee나 ea 같은 경우 Greece와 grease처럼 길게 발음된다. 하지만 oo가 ∧로 발음될 때처럼 짧게 발음될 때도 있다.

그런데 모음의 경우 같이 붙어 있지 않더라도 단어 안에서 조합을 이뤄 복합적인 소리를 내는 경우도 있다. plane의 경우 a와 e 중간에 n이 버티고 있어도 두 모음이 이어서 발음된다. 이해하기 쉽게 한글로 발음을 적어보자. 똑같지는 않지만 발음이 '플레인'으로 날 것이다. 우리말에서도 ㅔ와 ㅣ는 바로 붙어 있지 않나? rose의 경우에도 o와 e가 떨어져 있지만 두 모음이 붙어서 ou로 발음된다.

모음이 겹칠 때 소리가 하나로 합쳐지는 경우도 있다. guest를 보자. 이 단어에서 u는 음가가 완전히 사라졌다. 모음에는 서로 먹이사슬이 있는데, 가벼운 소리가 나는 i, e가 무거운 소리인 a, o, u와 합쳐지면 가벼운 소리가 무거운 소리를 없애버리는 것이다.

발음의 상관관계를 기억하고 소리를 잡아야 한다. 그러기 위해서는 철자 하나하나가 한 가지로만 발음된다는 낡은 생각을 버려야 한다. 철자가 모였을 때 어떻게 소리 나는지 그 규칙을 찾아야 한다. 특히 변화무쌍한 모음간의 먹이사슬을 알아야 한다. 그래야만 철자가 쳐놓은 족쇄에서 벗어날 수 있다.

일본어 공부를 하는 학생들은 멀쩡하던 단어가 다른 단어랑 합쳐지면 발음이 변한다는 점 때문에 짜증스러워 한다. 일본어에서는 비를 아메雨(あめ)라고 하는데, 지붕에서 물이 새어 똑똑 떨어지는 모습은 아마모리雨森(あまもり)라고 한다. '아메'라는 발음이 갑자기 '아마'로 바뀐 것이다. 짜증이 날만도 하다.

이와 같이 발음이 변하는 것은 다른 말이 합쳐질 때 발음을 부드럽게 하기 위해 생긴 현상이다. 이런 발음변화에도 나름대로의 규칙이 있다. 일본어는 다행히 대개의 경우 모음으로 말이 끝난다. 그러다 보니 앞 말의 끝 모음과 뒤의 말 앞 모음이 서로 결합할 일이 많다.

그런데 이 모음이라는 것이 어느 언어건 간에 두 가지 부류로 나뉜다. 가벼운 소리를 내는 ㅣ와 ㅔ, 무거운 소리를 내는 ㅏ, ㅗ, ㅜ 같이 말이다. '아마모리'의 경우 원래 가벼운 소리였던 아메가 이어지는 단어 모리의 ㅗ라는 무거운 소리가 이어지자 제 모습을 바꿔 '메'를 '마'로 변모시켰다. 무거운 소리는 무거운 소리끼리 결합을 해야 소리내기가 수월하기 때문이다.

이런 예는 얼마든지 있다. 무슨 일에 프로급 실력을 갖춘 사람이라는 뜻인 쿠로우토玄人(くろうと)라는 말을 보자. 원래 이 말은 검은 사람이라는 뜻인데, 지금은 그 뜻이 변모했다. 앞의 '검다'라는 말인 '쿠로'가 무거운 소리로 끝이 났다. 원래 사람 人자는 우토가 아니라

히토(ひと)로 읽는데, '히'가 가벼운 소리다 보니 앞의 무거운 소리에 장단을 맞춰 원래는 '후(ふ)'로 바뀌어 '쿠로후토'가 되었다가 시간이 지나면서 거추장스러운 ㅎ 발음도 떨어져 나간 것이다.

일본어 발음에서는 끼리끼리 뭉친다는 법칙이 통한다. 무거운 놈은 무거운 놈끼리 가벼운 놈은 가벼운 놈끼리 뭉친다. 무거운 모음은 굼뜨고 가벼운 모음은 성질이 급하다. 그래서 무거운 놈과 가벼운 놈이 만나면 가벼운 놈은 자기 성질을 참지 못하고 무거운 모음에 맞춰 모습을 바꿔버린다. 하긴 무거운 놈과 가벼운 놈이 시소를 타도 무거운 쪽으로 시소가 쏠린다.

016
백독(百讀)이 불여일청(不如一聽)

5개 국어를 익히면서 듣기가 가장 어려웠던 언어는 영어이다. 배운 기간은 영어가 가장 긴데도 말이다. 혹자는 총알처럼 빠른 에스파냐어가 가장 듣기 어렵지 않느냐고 묻는데 천만의 말씀이다.

영어가 어려웠던 이유는 듣는 대로 철자를 쓸 수 없다보니 내가 들은 것이 맞는지 대조하는 데 시간이 걸렸기 때문에 영어단어 하나하나를 외워야 한다는 강박관념이 생겼던 것이다. 이런 고민은 영어 외에도 요즘 익히고 있는 불어에서도 여실히 드러난다. 프랑스에선 고등학교 심하면 대학교 때까지 받아쓰기를 하고 전국 받아쓰기 경연대회까지 열린다. 불어를 조금만 공부해도 그 이유는 쉽게 알 수 있다. 독어나 에스파냐어가 일정한 규칙을 가지고 최대한 발음 나는 대로 철자법을 유지하는데 비해 영어는 철자와 발음이 따로 노는 경우가 많다. 물론 영어를 오래 하다보면 나름의 요령을 터득할 수 있지만, 그래도 다른 언어보다 받아쓰기가 어려운 것은 사실이다.

대부분의 유럽 학생들이 중고등학교 때 영어 듣기를 마치고 대학에 들어가서 영어로 쓰거나 읽기를 한다. 우리는 사정이 너무 불리하다. 우선 같은 어족이 아니고 공통된 어휘도 없다 보니 완전히 맨 땅에 헤딩하는 식으로 공부를 해야 하고 교과과정도 듣기나 말하기와는 너무 거리가 있기 때문에 영어로 듣고 말하는 게 힘든 건 당연하다. 영어 조기교육이 필요하다는 게 틀린 말은 아니다. 소리에 익숙해지는 것은 대단히 중요하기 때문이다.

귀를 뚫는 데는 TV를 시청하는 게 좋다. 뉴스, 시사토론, 드라마에 나오는 어휘나 표현은 생생한 것들이다. 그리고 자신이 겪지 않는 일도 구체적인 상황을 보여줌으로써 어휘와 표현의 이해를 돕는다. "이 상황에서는 이런 표현을 쓰는구나"라고 여기면 여러분은 TV를 효과적으로 이용하는 셈이다.

우리나라 교육기관에서는 청취력 향상을 위해 지나치게 뉴스를 강조한다. 뉴스는 청취력의 종착점이 아니다. 뉴스가 들린다면 여러분은 이제 막 외국어의 첫걸음을 뗀 셈이다. 뉴스는 정보를 전달하기만 할 뿐 교환하지 않는다. 그리고 뉴스에서는 상당히 정선된 언어를 사용하고 앵커의 발음은 듣기 가장 좋은 조건을 갖추고 있다. 하지만 일반인들은 일방적으로 말을 하고 정선된 언어를 깔끔하게 발음하지 않는다. 뉴스만을 들으면 인간은 앵무새가 된다. 뉴스가 들린다고 안주하면 그 언어는 곧 잊고 만다. 언어를 완전히 익히려면 오랫동안 하지 않았어도 조금만 연습하면 회복이 되는 단계에 도달해야 한다.

# 일방적으로 한 사람이 떠드는 프로그램은 절대 피하라

외국어가 어느 정도 수준이 되면 영화나 드라마를 보는 게 좋다. CSI 같은 범죄물은 의학지식, 법학지식에 필요한 어휘가 많고 스토리가 논리적으로 진행돼 도움이 된다. 특히 여러 사람이 출연해 서로의 의견을 교환하고 토론하는 〈100분토론〉 같은 프로가 좋다. 듣기 훈련에 좋은 방송을 몇 가지 소개한다. 우선 독일 민영방송인 Phoenix TV를 권하고 싶다. 이 방송은 토론을 어떻게 하는지 배울 수 있어 대화에 많은 도움을 준다. 그리고 하루에 한번 독일연방하원에서 벌어지는 국회의원들의 국정토론을 생방송하는데, 빠르고 강한 억양의 의원들의 말에 익숙해진다면 어떤 말이라도 들을 수 있다. BBC방송에서 제작한 다큐멘터리나 영화도 좋다. 특히 역사적으로 중요한 사건 중 하나를 재조사해 당시 관계자와 토론을 벌이는 〈Hard talk〉 같은 프로그램은 정말 어학학습에 좋은 교재다. 미국방송인 PBS가 진행하는 온라인방송 〈News Hour with Jim Lehrer〉는 시간대별 방송을 오디오와 텍스트로 제공해 많은 도움을 준다. 고급 코미디를 즐기고 싶다면 존 스튜어트의 〈The Daily Show〉를 권하고 싶다.

듣기 훈련을 할 때 반드시 명심해야 할 점은 일방적으로 한 사람이 떠드는 프로그램은 절대 피하라는 것이다. 여러분은 말 못하는 벙어리가 아니다. 언어는 monologue가 아니라 dialogue다. 만일 뉴

스청취에만 만족한다면 여러분은 결국 그렇고 그런 수준에 머물 것
이고 몇 년간만 언어를 사용하지 않으면 처음부터 다시 시작해야
하는 처지에 놓일 것이다.

017

사람 잡는 H

기자생활을 하면서 가장 힘들었던 부서는 매일같이 범죄자를 상대하는 사회부가 아니라 내 머릿속의 지식을 총동원하는 국제부 일이었던 것 같다. 컴퓨터 앞에 앉아 날아오는 외신기사를 읽고 그 가운데 국내에서 주목받을 만한 것을 골라 번역해 다시 기사화하는 일은 고독한 일이다.

이런 일을 하다 보면 다른 매체에서 보도되는 내용도 보게 되고 간혹 의도하지 않게 혹세무민(惑世誣民)하는 기사도 접하곤 한다. 대부분은 나와 비슷한 환경에서 일하는 사람들의 사정을 알기 때문에 그냥 넘어가지만, 간혹 참기 어려울 정도로 거짓말투성이의 기사도 있다. 아래 기사는 교황 요한 바오로 2세가 선종했을 당시 나온 기사인데 내가 보기에는 최근 나온 문화관련 기사 가운데 기자의 무식함을 가장 잘 보여주는 실패작이라고 생각돼 소개한다.

"교황을 새로 선출하는 콘클라베(Conclave)가 4월 18일 시작됐다. 80세 이하의 추기경들이 모여 새 교황을 뽑는 과정은 철저히 비밀에 부쳐진다. 새 교황 선출을 계기로, 교황 선출의 드라마, 교황의 역사 등을 특집으로 꾸몄다. 교황 요한 바오로 2세의 장례식 때 신

도와 참배객들은 '파파, 행복하세요. 파파, 당신을 그리워할 겁니다' 라며 작별을 고했다. 여기서 파파는 일반적으로 쓰이는 아빠란 뜻이 아니라 교황을 부르는 애칭이다.

파파(Papa)라는 단어에 교황이라는 의미가 있으며, 교황을 지칭하는 영어 단어 Pope도 아버지를 뜻하는 라틴어에서 유래했다. 한 가지 유의해야 할 점이 있다. 라틴어에서 파생된 언어들로 파파를 부를 때는 뒤의 파에 힘을 주어 발음해야 한다. 똑같은 papa라도 앞쪽의 파에 악센트를 주어 말하면 감자의 의미가 되고 말기 때문이다. 또 영어식으로는 파파라고 하지만 실제로 라틴어 계열 언어에선 빠빠라고 발음한다."

이 기사는 사실과는 100퍼센트 반대되는 이야기를 마치 사실처럼 이야기해 나를 화나게 했다. 이 기사가 일간지 기사라면 준비할 시간이 없어서라고 이해하면 그만이지만, 이 기사는 C일보가 운영하는 주간지에 등장한 기사다. 물론 기사를 쓴 사람은 이 잡지의 모회사인 일간신문의 국제부기자였다. 일간이라면 마감시간에 쫓겨 실수를 할 수 있지만 주간지는 일주일의 시간이 있다. 보나마나 자회사인 주간지에서 통사정을 해가면서 부탁을 해 몇 자 적는 시늉을 한 것 같은데 쓰려면 제대로 써야 할 것 아닌가?

이 기자는 라틴계 언어를 전혀 공부한 적이 없는 사람 같다. 교황을 뜻하는 papa는 앞에 악센트가 오고 감자 역시 같은 위치에 강세가 오지만 보통 감자를 의미할 때는 papas라고 복수로 표시한다. 위기사내용과는 달리 악센트가 뒤에 와 일부러 악센트부호까지 찍어 papá라고 하면 교황이 아니라 자기 아버지를 '아빠'라고 친근하게 부를 때 쓰는 말이다. 이 글에서 나온 감자란 단어는 원래 patata의 줄임말인데, papas는 주로 남미에서 쓴다. 라틴계 언어에서 n, s 그리고 모음으로 끝난 단어는 항상 끝에서 두 번째 음절에 악센트가 온다. 교황을 나타내는 papa는 앞의 pa에 강세가 오니 규칙을 따르기 때문에 아무 악센트 표시가 없는 것이고 아빠를 의미할 때는 강세가 오지 말아야 할 곳에 강세가 오니 일부러 악센트 표시를 하는 것이다. 이런 잘못된 부분을 정정해 주려고 전화를 했는데 전화 받는 사람 태도가 웃겼다. 뭐 별것 아닌 것 가지고 왜 시비냐는 식이었다.

이 기자는 영어식 발성법을 그대로 라틴계 언어에 적용했기 때문에 이런 일이 생긴 것이다. 이 기자가 시키는 대로 발음하면 현지인들은 감자를 얘기하는지 교황을 말하는지 전혀 알아듣지 못한다.

어느 사이엔가 우리 의식 속에 '알파벳=영어', '한자=중국어'라는 잘못된 등식이 자리잡은 좋은 증거라 하겠다. 같은 문자이지만 그것이 영어로 쓰일 때와 불어로 쓰일 때는 발음 자체가 변한다. 미국에서 재미있게 본 영화가 있는데 〈핑크 팬더〉였다. 극장을 가득 메운 관객들은 주인공이 불어 억양이 강한 다소 덜떨어진 발음으로 '햄버거'라고 하니 배를 잡고 웃었다. 남의 눈에 낀 눈꼽은 봐도 제 눈의 눈꼽은 못 본다고 미국인 역시 외국어 못하기는 마찬가지다. 미국인들은 "전 세계 어디가나 영어로 의사소통이 되는데 외국어를 왜 배워?"라며 이를 당연하게 받아들인다. 하지만 이건 어디까지나 미국인들 사정이다.

미국인도 아닌 우리는 외국어를 접할 때 그 나라 발음을 준수해야 하는데 잡지기사가 정 반대의 잘못된 지식을 퍼트리다니. 발음이 별것 아니라고 여기는 사람이 있는데 좀 까다로운 사람을 만나면 얼간이 소리 듣는다. h 발음을 예로 들어보자. 라틴계 언어에서 이 철자는 발음이 되지 않는다.

영국이나 미국, 특히 식자층은 자신들의 언어가 불어의 영향을 엄청나게 받았다는 점을 잘 알고 있다. 그래서 불어에서 온 단어는 되도록 제대로 된 불어발음으로 구사하려고 많이 노력하는 편이다. 한 예로 약초나 향신료로 쓰이는 herb를 '허브'로 발음하는 사람보다는 '어브'라고 발음하는 사람이 많다. 하찮은 발음 하나일지 모르지만 그것을 제대로 발음하는 사람과 그렇지 않은 사람에 대한 대우는 하늘과 땅 차이다.

그 옛날 로마제국이 유럽을 호령하던 시절 라틴어의 h 발음은 우리말 ㅎ처럼 깨끗하고 가벼운 소리가 났다. 이에 비해 알프스산맥 북쪽에서 온 금발에 파란 눈을 한 게르만족은 마치 목 뒤에서 가래가 끓는 소리를 내듯이 h를 거칠게 발음해 거의 ㄱ에 가까운 소리를 냈다. 결국 유럽에서 h의 운명은 크게 갈라진다. 남유럽에서는 세월이 지나면서 h 발음이 거의 사라졌다. 그런데 유럽북부 게르만족 거주지에서는 거칠게 발음하던 h가 g로 바뀌게 되었다. 라틴어로 손님을 뜻하는 hostis와 영어의 guest가 같은 단어에서 나온 말이라면 수긍이 갈지 모르겠다. 참고로 목초지와 사냥터를 두고 끊임없이 이웃부족과 갈등을 빚은 게르만족에게는 손님이란 말이 없었다. 이들에게 모르는 사람은 적이거나 친구 둘 중 하나였는데, 로마와 교류하면서 비로소 손님접대라는 문화행위를 익히게 되었다.

h 발음을 가장 많이 틀리는 것은 한국인이다. 한국외대 불어과에는 마리 조(Marie-Jo)라는 벨기에인 여자교수가 있었다. 한국에서 30년 가까이 지냈던 이 선생님은 한국어도 능청스러울 정도로 유창하게 구사했다. 남학생들에 비해 여학생들의 취업률이 떨어지는 것은 남녀차별 때문이고 사회주의 혁명을 일으켜 세상을 바꿀 수 없는 상황에서 여자가 살아남으려면 남자보다 실력이 있어야 한다고 생각하던 분이었다. 그러다 보니 여학생들에게는 이 선생님이 저승사자와 같은 존재였다. 조금이라도 발음이 틀리면 "마드모아젤, 발음이 그게 뭐예요? 이래 가지고 사회에 나가서 남자들과 경쟁해 살아남겠어요?"라며 일갈을 퍼부었다. 이 이야기를 듣고는 울면서 강의실을 뛰쳐나간 여학생이 하나 둘이 아니다.

미국 테네시주 멤피스에서 상당히 재미있는 사람을 만난 적이 있
다. 지구상 어디를 가나 우리 음식만을 고집하는 독특한 습관 때문
에 항상 들르는 곳이 한국식품점인데, 그곳에서 벽안(碧眼)의 키 큰
미국인이 우리말로 말을 걸었다. "한국 사람이세요? 우리 집사람은
부산사람입니다." 이 미국인은 한국어 외에도 독일어, 에스파냐어,
러시아어, 불어를 할 줄 알았는데 미국에서 이런 언어천재를 만나
기는 쉬운 일이 아니다. 외국어를 잘하는 비결을 물으니 "우리 어머
니가 독일인이고 아버지는 헝가리 사람"이란다. 이 사람은 자녀들
도 완벽하게 2개 언어를 구사하게끔 집에서는 무조건 한국어만을
사용한다는데, 아버지의 나라에 살고 있지만 어머니의 나라도 아이
들이 이해하기를 바라는 마음에서 가족끼리 한국어만 쓰자고 약속
을 했단다.

이런 언어천재도 한 가지 고민이 있는데, 도무지 미국식 r 발음이
없어지지 않는다는 것이다. 미국 사람들의 r 발음은 영국인들의 표
현을 빌리면 "입에 햄버거를 물고 하는 발음" 같다. 물론 미국인들
도 영국인들의 이런 말에 "미국영어에서 r 발음이 너무 강하고 t 가
없어졌다면 영국영어는 r 발음이 아예 나지 않으니 피장파장 아
냐?"라고 대구한다. 미국영어에서 r은 발음을 부드럽게 하는 윤활

유이자 미국영어의 백미(白眉)라 하겠다. 그런데 문제는 다른 외국어를 할 때도 이 r 발음을 고수한다는 것이다. r 발음은 각 유럽언어에서도 크게 차이가 난다. 어차피 알파벳이라는 것이 소리를 표기하기 위한 것일 뿐 영어의 r이 불어의 가랑가랑 고양이 울음소리 같은 r이나 혀가 격렬하게 떨리는 에스파냐어의 r과 같을 수는 없다.

하지만 외국어를 구사할 때는 이런 발음상의 차이를 충분히 고려해서 발음해야 상대가 알아듣기도 쉽고 '외국인이 우리말 배우려고 애쓰네' 라는 인상을 줄 수 있다. 말을 잘 못하더라도 최소한 그런 노력을 하는 것이 예의다. 그 나라 말도 제대로 못하면서 r 발음만 미국식으로 한다면 '한심한 놈' 취급받기 일쑤다. 발음이란 혀나 구강 혹은 몸 전체에서 나는 소리를 조절해서 내는 것이기 때문에 나이가 들어서 외국어를 배울 때는 외국어 발음을 완벽하게 구사하기는 힘들지만, 외국어를 할 때 같은 알파벳이라도 그 외국어에 맞는 발음을 하려고 노력하는 것이 상식이다. 미국인들은 이런 점을 무시한다. 이는 다른 나라와 그 나라 사람들을 깔보기 때문에 나타나는 현상이다. 이런 사람들을 우리는 ugly American이라고 부른다.

더욱 가관인 것은 미국에서 태어난 우리 교포나 단지 미국에서 오래 살았다는 이유만으로 버터 냄새나는 r 발음을 어느 나라 말을 하든 거리낌 없이 내뱉는 한국인들이다. 미국에서 태어나 한국에서 미국인학교에 다니는 중학생에게 에스파냐어를 지도한 적이 있는데, 역시 같은 문제가 발생해 크게 혼을 낸 적이 있다. 내가 외국어를 여러 개 구사하면서도 언어 간에 혼동을 일으키지 않는 비결 중 하나는 발음 하나 하나를 할 때도 언어가 바뀌면 그 언어에 맞는 발음을 하려고 노력하기 때문이다. 이는 다른 나라의 문화나 그 나라 사람을 존중하고 배려하는 마음이 없으면 힘들다. 미국에선 r을 굴리더라도 프랑스에선 고양이 소리를 내고 에스파냐에선 혀를 떨자. 아무데서나 혀를 굴리다가는 '무식하고 버릇없는 놈' 소리듣기 십상이다.

CHAPTER 4

문법책을 찢어버리자

나는 카투사(KATUSA)에서 26개월 동안 미군들과 함께 군복무를 했다. 운이 좋았는지 육군병원에 배속되어 군기 세기로 소문난 헌병대나 보병부대, 악명 높은 판문점경비대에 가게 된 많은 동기들의 부러움을 샀다.

그런데 막상 병원에서 생활해 보니 사회에서 생각했던 것과는 달리 영어로 말할 기회가 별로 없었다. 고작 딱딱한 의학용어나 외우는 정도였다. 무미건조한 병원 생활 속에서도 가끔 웃음이 터지곤 했는데, 병원 실험실에서 근무하던 민간인 아저씨 한 분이 하던 소위 짬밥영어 때문이었다. 지금 돌이켜 보면 그 아저씨의 짬밥영어가 영어의 진수인지도 모르겠다.

어느 날 미군 실험실 책임자가 혈액샘플을 보더니 누가 만들었냐고 물었다. 그러자 그 아저씨 대답이 "거 머시냐? I was made it last night"이었다. 항상 '머시냐?'로 시작하는 아저씨의 충청도식 느린 영어가 우스웠지만, '아저씨가 엊저녁에 만들어졌다?'라고 보통 해석하기 마련인 그 말을 들은 미군은 바로 "Did you make it well?"이라고 대답해 놀라웠다. 교과서에 나오는 수동태, 능동태의 규칙을 완전히 무시한 말이었지만 어쨌든 뜻은 통했다.

그런데 아저씨의 짬밥영어는 문법을 무시한 말이 아니다. 아저씨는 적절하게 문장을 만들어 자기 의사를 전달했다. 다만 문법책이 정해 놓은 규칙을 따르지 않았을 뿐이다. 시중에 팔리는 영문법 책을 보면 문법을 설명하는 것인지 자자들이 만든 규칙을 강요하는 것인지 모를 지경이다. 그들이 이야기하는 문법과 규칙은 말을 가르치기는커녕 오히려 말을 제대로 못하게 가로막는다는 느낌이 들 정도다.

영어 원서를 줄줄 읽는 고학력자들 상당수가 초등학생 수준의 영어도 구사하지 못하는 이유는 중학교 때부터 씌워진 문법이라는 망령 때문이다. 교과서나 문법책에 등장하는 문법은 문법이 아니라 시험에서 정답만을 고르는 순종파를 선택하고 줄 세우기 위한 방책일 뿐이다.

018
절름발이 외국어의 진실

내가 근무하던 병원의 카투사병력을 관리하던 한국군 군의관이 한 번은 나를 불러 미군 중대장에게 요구할 게 있다며 통역을 하란다. 이 불쌍한 군의관은 미군 중대장 앞에서 떨리는 목소리로 "I가 cannot speak English니까 this soldier가 help me 할 거다"라며 입을 열었다. 가만있어 보자. 한글만 빼면 더할 나위 없이 완벽한 영어문장 아닌가?

이 군의관은 서울소재 명문의대를 졸업하고 간질환 전문의자격까지 취득한 뒤 대위로 임관한 엘리트이다. 지식 면에서는 실험실 아저씨는 물론 사관학교 졸업 후 줄곧 군화나 닦고 사격과 PT(Physical Training, 미군들의 체력검증 프로그램) 등 군 관련 업무만 해온 일반 미군장교와는 비교가 되지 않는다.

영어공부도 보통사람의 몇 배는 했을 것이다. 이 책을 읽고 있는 의대생이나 의사가 있다면 자신의 학창시절을 떠올려보라. 의학 관련 서적 대부분은 외국에서 발행한 원서이고 의대생들과 의사들은 원서를 그냥 본다. 한국말로 옮기기 힘든 전문용어로 가득하고 의대생 말고는 수요도 없는 의학책을 누가 돈과 노력을 들여 번역하려고 하겠는가? 그들은 대학 때부터 하루도 빠짐없이 평생을 영어와 씨름하는 영어도사들이다. 물론 실생활 영어와는 다소 거리가 있기는 하지만 말이다.

이렇게 원서를 읽거나 외국어로 글을 쓰는 데는 무리가 없지만, 외국어로 말을 하라면 혀가 굳고 두뇌가 멈춰버리는 '벙어리증후군'으로 고생하는 사람들은 몇 가지 유형이 있다.

외국인만 보면 떠는 새가슴형의 사람들과 읽기는 잘해도 듣지 못하는 귀머거리형 사람들은, 다소 시간이 걸리기는 하지만, 외국에 나가거나 학원에서 친절한 지도만 받으면 이 문제에서 쉽게 탈출할 수 있다. 그들은 지금까지 자신이 공부한 외국어를 버릴 필요 없이 외국인에 익숙해지거나 외국어를 자주 듣기만 하면 되는 사람들이다.

하지만 교과서 영어에 충성을 바치는 사람들은 문제가 심각하다. 대단히 죄송한 말이지만 지금까지 교과서나 참고서에 등장하는 문법체계에 대해 일말의 의구심도 가지지 않은 사람이 있다면 그 사람은 이미 교과서의 노예가 되었고 벙어리증후군뿐만 아니라 외국어 공부에 심각한 장애를 안고 있다는 사실을 알아야 한다.

우리가 배우는 영어 및 기타 외국어 교과서는 우리와는 언어체계가 다른 외국 교과서를 짜깁기한 것이다. 대부분의 우리 교과서가 모델로 삼는 외국 교과서는 자국의 어린이들에게 바른 글쓰기와 읽기를 가르치는 국어 교과서이지 다른 언어 사용자들에게 자국의 말을 가르치는 교과서가 아니다.

초등학교에 갓 입학한 미국 아이들은 태어난 후 5~6년 이상을 영어 환경에서 생활했기 때문에 듣기와 말하기에 지장이 없다. 다만 어린이 특유의 불분명한 발음과 정확한 자기의사 표현, 글쓰기와 읽기가 어려울 따름이다. 한국의 영어 교과서는 이런 미국 아이들을 위한 국어 교과서를 따른 것이다.

영어를 배울 때 맨 처음 알파벳을 배운다. 알파벳 각 한 자 한 자가 어떻게 소리 나는지를 완전히 몸에 익히려면 한 학기 정도는 투자해야 소정의 효과를 볼 수 있다. 그것도 발음을 제대로 지도할 수 있는 교사가 투입됐을 때에나 가능하다. 그런데 우리나라 학교에서는 영어를 처음 가르칠 때 알파벳 정도는 다 안다고 생각하고는 재미삼아 한번 읽고 넘어간다. 그리고는 바로 I am a boy를 시작한다. 그러나 이런 교육방법은 듣기와 말하기에 엄청난 악영향을 미친다. 문자 이전에 말이 있었다. 성서에도 최초에 말씀이 있었다는 말이 나오지 않는가.

우리 학생들은 말도 못하고 영어 각 음절의 소리가 어떻게 나는지도 모르는 상황에서 바로 활자화된 언어를 접하게 된다. 말도 배우기 전에 글을 배우는 꼴인 것이다. 이런 교과서 체계는 영어로 말을 하는 원어민을 위한 것이지 비원어민을 위한 것이 아니다.

How are you 하면
어떤 대답을 할지
난 알지롱.
How are you?
Fine thank you
and you?

# 말은 문법으로 찍어내는 붕어빵이 아니다

우리 외국어 교과서는 아직 말도 못 뗀 사람들에게 말하기, 듣기, 읽기, 쓰기를 한꺼번에 요구하니 애초부터 모순덩어리였다. 게다가 문법이라는 틀로 자유롭고 생명력 넘치는 언어를 붕어빵으로 만들어 유형화시켰다. "How are you?"라고 물으면 대답은 언제나 "Fine thank you, and you?"다.

그리고 어떤 단어는 명사, 어떤 단어는 형용사 하는 식으로 단어를 품사별로 나눠 말을 배우게 한다. 물론 우리말에도 명사, 동사, 형용사 같은 구별이 있다. 그런데 우리가 처음 한국말을 배울 때 단어를 명사, 동사, 형용사로 구분했는가? 품사론은 언어를 제대로 구사하는 사람이 자신의 언어를 정리하기 위해 도입하는 것이지 말도 못 뗀 사람에게는 혼란만 가중시킬 뿐이다.

말을 처음 배울 때는 단어가 어떤 품사인지는 별 의미가 없다. 차라리 단어의 뜻을 파악해 단어가 문장의 어느 위치에서 주어, 목적어, 보어 등 어떤 역할을 하는지를 알도록 유도하는 것이 바람직하다.

019

음담패설보다 못한 문법

내가 다닌 고등학교에는 재미있는 독일어 선생님이 한 분 있었다. 그 선생님은 수업시간에 독일어 수업을 하는지 성교육(性敎育)을 하는지 구별하기 어려울 정도로 음담패설(淫談悖說)을 즐겼다. 그런데 그 이야기 속엔 일종의 법칙이 있었다. 이야기의 시작은 항상 독어에 관한 것이었고 끝도 독어에 대한 설명으로 마무리되었던 것이다. 선생님이 성에 집착한 데는 나름대로 이유가 있다. 중학교 때부터 대충 맛만 본 영어라는 놈은 성의 구별이 없지만 독일어나 다른 유럽언어에는 성의 구별이 있는데, 선생님은 영어와 유럽언어들의 차이점을 설명하기 위해 농담반 진담반으로 야한 이야기를 했던 것이다.

우연인진 모르지만 당시 독일어 교과서에 등장한 단어 가운데 좀 길쭉한 물건을 가리키는 단어는 모두 남성이었다. 예를 들어 연필(Bleistift)이라는 단어가 등장하면 선생님은 칠판에 연필그림을 그린 뒤 그 그림을 남성의 그것으로 바꾸곤 했다. 물론 길다고 다 남성은 아니다.

어느 날 선생님이 한 친구에게 생일(Geburtstag)이라는 단어의 성이 뭐냐고 물었다. 그 친구는 남성이라고 대답했는데, 평소 수업시간에 졸기만 하던 녀석이 질문에 옳은 답을 하자 선생님은 "왜 남성인데?"하고 다시 물었다. 그 친구 대답이 가관이었다. "생일 케이크에 초를 꽂는데 그 초가 길잖아요. 그래서 남성인 것 같은데요." 독일어에서 두 단어가 합쳐진 단어는 대개 뒷단어의 성을 따른다. 태어남(生)을 의미하는 남성형 Geburt와 날(日)을 뜻하는 남성형 Tag이 결합한 단어인 Geburtstag은 뒤에 오는 Tag의 성을 따르기 때문에 남성이라고 대답해야 하는데 엉뚱한 소리를 한 것이다. 참고로 양초를 뜻하는 독일어 Kerze는 여성이다.

언어학자들이나 교육학자들은 이런 교습법을 엉터리라고 할 테지만, 나는 교과서가 가르치는 문법이 아니라 선생님의 음담패설을 통해 독일어와 영어의 중요한 차이를 분명히 알게 되었다. 영어와는 달리 독일어에서는 성의 구별 때문에 단어와 문장의 형태가 변한다는 사실을 말이다. 예를 들어 독일어 단어 Bank의 경우 남성일 때는 벤치, 여성일 때는 은행이라는 의미로 쓰인다.

문법은 교과서에서 설명하는 것처럼 복잡한 것도 아니고 문제를 내 학생들을 평가하는 수단이 될 수도 없다. 가장 기본적인 원리 한두 개만 알면 그만인 문법에 세세한 부차적인 규칙까지 적용시켜 목숨을 걸게 만드니 우습기만 하다.

한국에서 고등학교를 졸업한 사람들이라면 누구나 머릿속에서 파괴해 없애야 할 것이 있으니 그것은 바로 품사다. 보통 교과서식 문법에 목을 매는 사람들은 한번 명사는 영원한 명사, 한번 동사는 영원한 동사라는 식으로 품사로 해병대라도 조직할 태세를 취하면서 명사는 어느 위치에 동사는 어디에 하는 식으로 문장을 만들려고 한다. 이렇듯 단어의 원래 뜻은 무시하고 동사, 형용사 등으로 단어를 품사별로 분류해 품사에 기초한 문법을 강요하게 된 것은 미국에서 발행한 영어교과서를 제대로 해석할 자신조차 없던 교과서 저자들이 일본에서 발행한 교과서나 사전을 베끼는 과정에서 고민 없이 정착시켰기 때문이다. 이제부터라도 어떤 단어는 명사, 어떤 단어는 동사라는 식의 암기법은 접어두도록 하자. 단어는 대표적인 뜻으로 먼저 받아들이고 구체적인 상황 속에서 여러 가지 변형된 의미들과 문장 속에서의 역할을 유추하라.

　동사는 동명사나 to부정사의 형태를 취해야 명사처럼 쓸 수 있다고 거의 절대진리로 알려져 있다. 하지만 동사라고 알고 있는 단어가 형태를 유지한 채 명사로 쓰이는 예는 얼마든지 많다. 미국인 친구가 "I will give you a ride(차 태워줄게)"라고 말했다 치자. ride를 동사로 외우고 있으면 절대 할 수 없는 말이다. ride가 명사로 쓰였기 때문이다. 무임승차라는 말은 free-ride라고 하는데, 누구 덕에 어부지리(漁父之利)로 득을 본다고 할 때는 to get a free-ride on someone's back이라고 한다. ride가 동사라면 형용사인 free가 그 말을 수식할 수 없다.

　외화시리즈 〈CSI〉에서 자신을 성가시게 한 다운증후군환자를 살해한 카우보이를 취조하는 장면이 있었다. 과학수사대 길 그리썸반장에게 피의자인 카우보이가 "어차피 저능아(retard)였는데 하나 죽었다고 문제될 게 있냐"고 항변하자 그리썸의 답변이 걸작이다. "This time, I can retard your life." 그럼 이번에는 내가 당신 인생을 한번 지연시켜 보겠다는 의미이다. retard가 무엇을 지연시킨다는 의미의 동사로도, 장애인을 조롱하는 욕설인 저능아라는 의미의 명사로도 쓰였다.

언뜻 보기에 부사처럼 보이는 whereabouts라는 단어는 어떤가? "Just let me know if you know his whereabouts." 경찰이 피의자의 친구나 주위 사람들에게 피의자의 행방을 물을 때 흔히 하는 말이다. 원래 부사적인 의미로 사용되는 이 단어도 행방이라는 뜻의 명사로 쓰였다. 단어의 형태만 보고는 그 단어가 명사인지 동사인지를 장담하기 어렵다.

휴가를 의미하는 leave도 원래는 동사로 사용되는데, 요즘 구어체에서는 명사로 많이 사용된다. sick leave는 병가(病暇)를 의미한다. 이 단어는 '떠나다'라는 원래의 뜻으로 추측하면 알아듣기도 쉽고 말하기도 용이하다. 이처럼 품사에 관계없이 한 단어가 가진 뜻이 확대돼 품사를 뛰어넘는 예는 많다. 합성어를 만들 때도 이런 품사파괴 규칙이 적용된다. '포로확보작전'을 prisoner snatch라고 하는데, '포로'라는 단어와 '~을 낚아채다'라는 단어를 결합해 만든 합성어이다. '앞으로'라는 뜻의 전치사로 알고 있는 forward 역시 미국영어에서는 '우편물 같은 것을 보내다' 라는 뜻으로 널리 쓰이고 있다. She will forward it as soon as possible이라고 하면 그녀가 되도록 빨리 우편으로 보낼 것이라는 의미다. forward가 전치사라는 고정관념에서 벗어나기 위해서는 forward의 원래 뜻을 응용해 문장을 만들어 보면 큰 도움이 된다.

두 가지 이상의 품사를 가졌거나 품사가 달라질 때마다 의미가 달라지는 단어는 그 외에도 많다. 청량음료를 많이 마시는 미국에 가면 물이 그립다. 식당에서 물이 마시고 싶으면 still water라고 말하면 된다. 보통 still을 '여전히' 라는 의미로만 기억하는데, 이 단어에는 '움직이지 않는', '바람 없이 고요한' 그리고 '가스가 없는' 이라는 뜻도 있다. 죽은 태아를 낳았다는 의미인 사산(死産)을 표현할 때도 still이 사용된다. still born이라고 하면 태어난 아이가 움직이지 않으니 바로 '사산의' 라는 의미가 된다. 독일어 stillen에는 아이에게 젖을 먹이다라는 의미가 있다. 울던 아기도 젖을 먹으면 조용해지니 나온 말이다.

'현재의', '요즘의' 라는 의미의 current는 '물결' 이라는 뜻도 가지고 있다. 스코틀랜드에서 등산을 한 적이 있는데, 물살이 센 여울을 건널 때 나를 안내하던 안내원이 "Be careful. The current is strong"이라고 외쳤다. 물살이 거치니 조심하라는 의미다. 이처럼 어휘는 품사에 연연하지 않고 자유롭다. 물론 이런 변화된 형태나 의미는 사전에 깨알만 한 글씨로 빼곡히 나온다. 하지만 그 많은 변형들을 일일이 다 외울 것인가? 꼼꼼히 다 읽어볼 사람도 없을 것이다.

참고로 품사를 넘나들며 새로운 의미와 신조어까지 변화무쌍하게 만드는 영어의 힘은 어디서 오는 것일까? 품사파괴현상, 특히 명사와 동사의 구별이 모호해지는 현상은 미국으로 이민 온 독일인들의 영향이 컸다. 독어에서는 동명사나 to부정사처럼 동사의 형태를 바꿔 동사를 명사로 만드는 것이 아니라 첫 철자만 대문자로 바꿔 동사를 명사처럼 사용하기 때문이다.

 ## 외국어 수업은 외국어로

일본은 공교육이 무너진 나라다. 일부 사립명문학교를 제외한 공립학교는 따라지집단이라는 말까지 듣는다. 내가 사는 우츠노미야(宇都宮)에는 오리온토오리라는 상점가가 있는데, 청소년들에게 유해한 유흥가나 에스데라는 안마시술소 및 성매매업소가 위치해 있다. 오전 10시경 학교에 가지 않고 교복차림으로 이곳을 배회하는 학생들은 거의 대부분 공립학교 학생들이다. 일본 교사들은 학생들의 잘못을 나무라면 학생들이 아예 학교에 나오지 않는다며 전전긍긍한다. 일부 사립학교는 유치원부터 대학까지 한 재단인 경우가 많은데 명문 게이오(慶應) 유치원은 입학금만도 우리 돈으로 수천 만 원이다. 일본은 교육에 있어선 세계화에 실패한 나라다. 이렇게 일본교육을 망친 원인 중 하나가 교사들의 종신고용제라는 지적이 많

은데, 외국어 과목의 경우 외국어로 수업을 진행할 수 없는 교사들을 정리해고하지 못해 학생들을 망쳤다고까지 말한다. 교사가 실력이 있으면 권위는 저절로 생긴다. 결국 약은 아이들은 실력 있는 교사를 찾아 사립학교나 외국학교에 다니니 공립학교에는 공부는 물론이고 교사가 어떻게 가르치든 별 관심이 없는 아이들만 남는다. 이것이 바로 공교육의 붕괴다.

언젠가 미국인학교를 다니는 학생에게 에스파냐어를 지도한 적이 있다. 이 학생의 교재를 보니 교사가 그 언어를 제대로 구사하지 못하면 도저히 가르칠 수 없겠다는 느낌이 들었다. 수업시간에 선생님이 영어로 수업하는지를 물었더니 아니란다. 선생님은 수업시간에 에스파냐어로만 수업을 진행하는데 알아듣는 데는 무리가 없단다. 외국어 수업은 외국어로 진행할 때에만 성과를 올릴 수 있다. 학생은 모르는 표현이 나오면 선생님에게 질문을 하고 선생님은 그 질문에 답하면서 외국어로 대화하듯이 진행되어야 하는 것이다.

우리나라 외국어 교사들 대부분은 한국말로 수업을 진행하는데, 그렇게 하면 외국어와 한국어를 혼동하게 만들어 외국어 학습을 방해한다. 예를 들어 우리나라 교사들은 "to be brave. 이 문장에서 동사는 be동사이고 brave는 형용사"라며 그 뜻을 애써 분리시키면서 be동사에 명사가 붙으면 '~이다', 형용사가 붙으면 '~하다'로 해석된다고 가르친다. 이런 식으로 가르치면 문제를 내고 평가하기는 편하다. 하지만 말하는 데는 전혀 도움이 되지 않는다. 누가 be+형용사는 '~하다', be+명사는 '~이다'라는 구조를 생각해내서 말을 하는가? 문법구조 생각하고 단어 찾고 하다 보면 말이 입 밖으로 나올 수가 없다. 입 밖으로 말이 나오더라도 버스 지나간 다음에 손 흔드는 꼴이다. 차라리 to be brave를 한 덩어리로 그냥 '씩씩하다'로 이해시키면 그만인 것을.

외국어 수업을 한국어로 진행할 경우 외국어의 발음이나 강세에도 문제가 생긴다. 외국어를 외국어로 받아들이려면 외국어가 어떻게 발음되고 강세가 어떻게 오는지 알아야 한다. 영어나 기타 외국어는 강세가 단어의 중간이나 끝에도 오고 단어들이 문장으로 연결되면 더 변화무쌍하게 강세위치가 변한다. 이런 발음과 강세구조는 우리말로 목이 터져라 가르친다고 해서 익힐 수 있는 게 아니다.

외국어 수업시간에는 한국어로 문법을 설명하는 것보다는 학생 스스로 문장을 하나라도 더 만들 수 있도록 유도해야 하고 그러기 위해 교사는 학생보다 몇 배의 실력을 갖춰야 한다. 문장을 만들다 보면 교과서에서 나오지 않는 내용도 질문할 수 있으니 교사는 언제나 이런 질문에 대답할 준비가 되어 있어야 하기 때문이다. 하지만 현실은 그렇지 않다.

020
주어는 아무나 하나?

영어를 상당히 잘 하는 사람도 끝끝내 벗어나지 못하는 것이 바로 콩글리시(Konglish)다. 콩글리시는 한국식 영어를 지칭하는 말이다. 한국식 독일어는 Keutsch, 한국식 일본어는 Kopanese라고 할 수 있는데, 사람들은 이런 한국식 외국어를 하는 원인을 발음이나 관용어구를 소화하지 못해서라고 오해하는 것 같다. 이런 잘못은 외국어의 알맹이는 쏙 빼고 껍데기만 받아들였기 때문이다. 외국어 문법을 가지고 한국식 사고방식을 표현하려니 그런 현상이 생기는 것이다.

자신이 콩글리시 구사자인지를 알 수 있는 간단한 시험을 해보자. The wisest man can not know everything라는 문장을 어떻게 번역할 것인가? '가장 현명한 사람이 모든 것을 알 수는 없다' 라고 번역한다면 당신은 콩글리시 구사자다. 이 문장은 '아무리 현명한 사람도 모든 것을 알 수는 없다' 라고 번역해야 한다. God knows how many people died라는 문장도 '신만이 얼마나 많은 사람들이 숨졌는지를 안다' 가 아니라 '얼마나 많은 사람이 숨졌는지 아무도 모른다' 로 번역해야 한다. 하느님만이 아는 일을 우리 같은 사람들이 어떻게 알 수 있나? 주어가 무엇인지 모르면 콩글리시 구사자다. 서양언어에서 동사와 주어의 관계가 우리말의 주어와 동사 관계와 어떻게 다른지를 모르면 콩글리시에서 영원히 벗어날 수 없다.

수습기자 생활을 막 시작했을 때 내가 쓴 기사에 문제가 있으면 상투적으로 들은 말이 "이거 누가 쓴 거야?"였다. 이런 말이 나오면 뒤이어 불호령이 떨어졌다. 참 심술궂은 것은 매일 저녁 피곤한 몸을 이끌고 경찰서를 돌기 전에는 반드시 저녁식사와 함께 술자리가 벌어졌다는 것이다. 새벽에 벌어지는 사건은 술에 취해 취재를 했기 때문에 기사가 제대로 써질 리 없었다. 이건 지금 생각해도 내 탓이기 이전에 술 탓이다. 물론 술 마신 놈이 나니 술 원망할 수는 없지만, "그 기사 제가 쓴 게 아니라 엊저녁 마신 술이란 놈이 썼는데요"라고 변명이라도 하고 싶은 심정이었다.

그런데 이 말은 올바른 말이 아니다. 우리말에서 ' ~가 어떻게 해서 어떠한 결과를 초래했다' 라고 말할 때 주어 자리에 사물이 올 수 없다. 따라서 "술이 기사를 못 쓰게 했어요"가 아니라 "내가 과음해서 기사를 못 썼어요"라고 하면서 빌어야 하는 것이다. 우리말은 술 마신 사람이 책임을 지는 구조다. 그렇다고 사물이 주어가 되지 말라는 법은 없다. 오랫동안 딱딱한 방바닥에 무릎을 꿇고 앉아 있으면 '다리가 저리다.' 하지만 주어가 되는 사물이 목적어를 취해 ' ~에게 을 해주다' 라는 식으로 문장이 만들어지지는 않는다. 잘못하건 잘하건 그건 자기가 한 행동이기 때문에 남 탓하지 말라는 것이다. 물론 '거친 물결이

I'm your memory
If my memory doesn't fail me ......

나를 감싼다’ , ‘사랑이 내 가슴을 두근거리게 한다’ 고 말할 순 있지만, 일반적인 대화에서는 좀처럼 쓰지 않는 표현들이다.

우리나라 사람들은 무슨 문제가 생겼을 때 누가 무슨 잘못을 했는지를 먼저 묻는다. 문제 해결을 위해서는 일단 책임질 사람을 먼저 찾아야 문제해결에 바로 착수할 수 있기 때문이다. ‘잘되면 제 탓 못되면 조상 탓’ 을 못하게 하는 성실한 언어사용을 하는 셈이다. 그런데 서양언어는 무슨 일이 생기면 책임질 사람을 찾는 게 아니라 원인을 찾아 주어 자리에 놓는다. 얼마 전 미 중부에 토네이도가 불어 사망자가 생겼을 때 미국 테네시주에 사는 친구의 안부가 궁금해 연락을 했더니 친구 왈 "Tornado killed 20people around Memphis"란다. 토네이도가 불어 사람이 죽은 것이 아니라 토네이도가 사람을 죽였다는 것이다. 이렇게 하늘을 원망하는 서양인들의 태도는 아주 재미있다. 아마도 그들의 조상들이 기독교가 전파되기 전까지는 자연을 숭상하며 살았기 때문에 자연이 사람을 죽일 수도 살릴 수도 있다는 믿음이 그들의 마음속에 깔려 있는 것 같다.

과거를 회상하면서 말을 꺼낼 때 흔히 ‘내가 기억하는 게 맞다면 말이지’ 라고 한다. 지난 일을 기억하는 것은 나이고 내 기억은 나와 분리되지 않는다. 그러나 영어로는 If my memory doesn’t fail me ‘만일 내 기억력이 날 배신하지만 않으면’ 이라고 말한다. 영어에서는 나와 분리할 수 없고 내가 없으면 존재할 수 없는 기억력도 독립된 주체가 된다.

우리말과는 달리 서양언어의 동사는 주어가 사람이든 사물이든 눈치를 보지 않고 자유롭게 목적어를 받기도 하고 버리기도 한다. 주어와 동사의 관계를 우리식으로만 생각을 하면 주어에는 항상 사람이 오기 때문에 '~때문에 사람이 ~을 했다' 처럼 한국식으로 외국어 문장을 만드니 어색할 수밖에 없다. 이런 오류를 고치지 않으면 영어를 해도 Konglish요, 독일어를 해도 Keutsch가 나온다.

문장에 ' ~때문에'라는 의미의 because of를 얼마나 자주 쓰는지를 살펴보면 콩글리시를 하는지 아닌지를 쉽게 알 수 있다. 영어 문장을 만들 때 보통 ' ~때문에 사람이 ~을 했다' 라는 식으로 사람을 주어로 하는 문장을 만들기 때문에 서양인들이 주어로 삼는 사물을 because of 뒤에 붙이게 된다. 한국어식으로 표현하다 보니 because of를 남발하는 것이다. 사물을 주어로 쓰는 습관만 들이면 군더더기 없는 외국어다운 문장을 구사할 수 있다.

역사시간에 세종대왕이 조선 몇 대 임금이냐는 질문을 받았을 때 잘 모를 경우 서양 사람들은 "잘 모르겠는데요"라고 멋없이 대답하지 않는다. 'My history is a little hazy(제 역사지식이 좀 흐릿한데요)'라고 멋지게 대답한다. 나는 바로 대답하고 싶은데 역사지식이란 놈이 분명치 않아 죄송하다는 뜻이다. 이런 사고방식을 받아들이면 훨씬 짧고 생생한 문장을 만들 수 있다.

기억하기 바란다. 서양언어에서는 돌멩이 하나, 바람 한 줄기도 사람의 운명을 좌지우지 한다는 사실을.

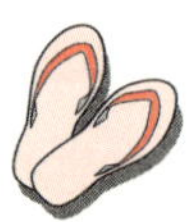

일본어를 공부할 때 사람들이 가장 어려워하는 동사는 '변하다' 는
뜻의 変える와 変わる인 것 같다. 둘 다 뜻은 '변하다' 이지만 묘한
차이가 있다. 変える는 누군가가 일부러 바꿔 변화된 경우이고 変
わる는 멀쩡하던 놈이 저절로 변한 것이다. 변성기를 맞은 소년의
목소리가 변하면 声が変わる 이고 살인사건 목격자가 TV에 나올 때
얼굴을 모자이크하고 목소리를 변조할 경우는 声が変える 이다.

더욱 우리를 혼동시키는 것은 変わる는 ' ~가 변하다' 라고만 쓰
이는데 変える는 ' ~을 바꾸다' 로도 쓰인다는 사실이다. 조금만 생
각하면 이해는 쉽다. 저절로 변한 것이 아니라 누군가가 변화시킨
것이니 누군가가 그런 행위를 했다는 것이 되기 때문이다. 한국인
입장에서는 목소리가 변했다는 게 중요하지 누가 목소리를 바꿨는
지 저절로 목소리가 변했는지는 중요하지 않다.

목적어가 액체나 고체냐에 따라 쓰이는 동사가 달라지는 경우도
있다. 混ぜる와 注ぐ는 모두 섞다, 혼합하다라는 뜻이지만 混ぜる
는 가루나 책 같은 딱딱한 물체를 섞는 것을 의미하는 반면 注ぐ는
액체를 섞는 것을 뜻한다. 대개의 우리말로 풀이한 일본어 사전에
서는 이 단어들을 같은 뜻으로 처리하거나 注ぐ를 섞다가 아니라
액체 등을 붓다로만 해석하고 있다. 참고로 ' ~투성이' 라는 뜻의

だらけ와 まみれ라는 말도 구분해서 사용한다. だらけ는 고체인 밀가루나 설탕 등을 묻힌 밀가루투성이, 설탕범벅을 말할 때 주로 쓰고 기름투성이처럼 액체가 묻은 경우에는 まみれ를 주로 쓴다. 그런데 피투성이라는 말을 쓸 때 血だらけ라고 하면 범죄현장에서 경찰들이 조사하는 혈흔을 말하고 血まみれ는 피가 뚝뚝 떨어지는 공포영화 속 주인공 같은 모습을 연상시킨다.

일본인들은 "일본어 동사에는 아주 섬세한 설명이 담겨 있다"고 자랑을 한다. 그런데 이런 자세함이 지나칠 때도 있는 것 같다. 우리말로 '받다' 라는 말은 병원치료, 학교수업 같은 만질 수 없는 단어와도 어울려 쓰이고 보고 만질 수 있는 선물 같은 단어와도 함께 쓰인다. 하지만 일본어에서는 형태가 없는 단어가 목적어로 오면 受ける, 선물이나 보석 같은 만질 수 있는 말이 목적어가 되면 もらう를 쓴다. 다 같은 '받다' 라는 의미인데 이렇게까지 구별할 필요가 있나 하는 생각이 든다.

이렇게 말을 세세하게 구분해서 쓰다 보니 일본인들은 말수가 적다. 일본인들은 혹시 말을 잘못해서 무식하다는 소리를 들을까봐 무슨 말을 해도 쭈뼛쭈뼛 이 눈치, 저 눈치 다 살핀다. 목소리를 일부러 바꾼 것인지 아파서 바뀐 것인지도 말 한마디에 다 드러나니 우리처럼 "목소리가 왜 그래? 어디 아파?"라며 대화를 이어나갈 일도 없다.

일본어가 깔끔한 TV 뉴스 앵커가 하는 말이라면 우리말은 어린

손자들에게 옛날이야기를 들려주는 할머니 같은 느낌이 강하다.
"그래서 어떻게 됐어요? 호랑이가 아이들을 살려주나요?"라며 뒷
이야기를 묻는 손자들에게 웃으며 띄엄띄엄 이야기해 주는 우리의
할머니처럼 우리말은 묻고 대답하면서 재미를 더해가는 맛이 있다.

021
미운 오리새끼, 동사

"다 제 탓이니 제 자식 한 번만 용서해주세요"

자식이 부모에게 폭력을 휘둘러 경찰에 잡혀온 가정폭력사범들의 어머니들이 흔히 하는 말이다. 사람은 자신보다 강한 사람에게는 절대 폭력성을 드러내지 않는다. 부모가 자신보다 늙고 약하다는 생각이 앞서면 가정폭력으로 이어진다. 그래도 폭력을 당한 대부분의 부모들은 눈물로 자식의 선처를 부탁해 바라보는 사람의 마음을 무겁게 한다.

언어라는 어머니에게도 여러 자식이 있다. 자식 가운데 동사는 천덕꾸러기다. 다른 형제보다 복잡한 유전자를 가졌는지 제 아버지가 누구인지 모를 정도로 생김새가 다르다. 동사 중에는 하나만 알고 둘은 모르는 바보도 많다. 그러나 어찌하랴. 열 손가락 깨물어 안 아픈 손가락 없듯이 속을 썩이는 천덕꾸러기 자식도 금쪽 같은 자식인 것을.

언어, 특히 서양언어를 배우는 한국 사람들의 발목을 잡는 것은 동사이다. 사실 어느 언어이든 가장 속을 썩이는 것이 동사이다. 사람들은 보통 한국말과 외국어의 어순이 달라서 회화가 힘들다고 하는데 나는 그렇게 생각하지 않는다. 뜻이 아니라 품사로 단어를 받아들이기 때문에 이걸 다시 재배치하려니 어려운 것이다. 그리고 동사의 속성을 모르기 때문이기도 하다.

나는 중학교 때 영어제일의 한국 땅에 산 죄로 어쩔 수 없이 영어를 배웠고 고등학교 때는 독어를 배웠다. 에스파냐어야 대학에서 전공이었으니 억지춘향 격으로 했고 이탈리아어는 이탈리아 가수 라우라 파우시니의 목소리에 반해 시작했다. 일본어는 군 생활을 하면서 시작했다. 뭘 해도 국방부 시계는 잘 돌아간다는데 근무시간 외에는 TV를 보고 미군들이 보는 포르노비디오를 훔쳐봐도 도대체 시간이 가질 않았다. 그래서 집에서 보내온 일본 만화책을 보기 시작했다. 슬램덩크 시리즈가 서서히 인기를 모을 때였던 것 같다. 내 군 생활은 거의 강백호의 빨간 머리와 함께였다 해도 과언이 아니다.

이렇게 여러 언어를 공부하기 시작해 어느 정도 수준에 이르자 불현듯 깨달은 게 있다. 동양언어와 서양언어는 동사에서 큰 차이를 보인다는 것이었다. 동양언어의 동사가 어딜 내놔도 잘 살고 자기 앞가림 잘 하는 자식이라면 서양언어의 동사는 나이 마흔이 넘도록 부모 도움이 없이는 혼자 살지 못하는 자식이다.

그 이유는 동사구조의 차이 때문이다. 한국어와 일본어는 동사의 어미만 변하면 목적어를 가지는 타동사, 목적어가 필요 없는 자동사, 남에게 무언가를 당하는 수동형 동사, 남이 뭔가를 시키면 따라

하는 사역동사까지 될 수 있다. 물론 '가다', '오다' 나 '때리다' 와 '맞다', '낳다' 와 '태어나다' 등과 같이 형태가 완전히 달라지는 경우도 있지만 극소수의 예일 뿐이다. 그나마 일본어는 이런 경우가 더 적다. 일본어는 어미변화만으로 거의 대부분의 동사가 가능형, 수동형, 사역형이 될 수 있다. 예를 들어 '태어나다' 와 '낳다' 를 일본어로 표현할 경우 生まれる와 生む라고 쓴다.

이렇게 반드시 목적어를 갖든지 아니면 절대 목적어를 동반해서는 안 되는, 제한된 기능만을 가진 동사들을 나는 바보동사라고 부른다. 서양언어에는 이런 바보동사가 상대적으로 많다. '손을 떨다' 와 '손이 떨리다' 의 의미에는 미묘한 차이가 있다. 전자는 의식적으로 손을 떠는 것이고 후자는 무의식중에 손이 저절로 떨린다는 의미이다. 우리말에서는 '떨다' 라는 동사의 어미만 변하면 이렇게 큰 차이를 낼 수 있다. 이 문장을 영어로 바꾸면 I shake my hands 와 Hands tremble가 되는데 완전히 다른 동사가 쓰인다. '떨다' 라는 의미의 shake는 목적어로 hands를 갖지만, hands가 주어가 되면 '떨리다' 라는 의미의 tremble이 동사가 된다. 그런데 '떨다' 를 '떨린다' 로 표현하기 위해 교과서에서 가르치는 대로 능동태 문장을 수동태로 바꾸게 되면 아주 우스운 상황이 벌어진다. 문장을 수동형으로 바꿔 Hands are shaken이라고 하면 반드시 누군가가 손을 흔들어줘야 하는데 저도 모르게 손이 떨리는 이상한 상황이 된다. 아마도 투명인간이 손을 흔들어주나 보다.

‘떨어지다’ 라는 의미의 fall과 ‘떨어뜨리다’ 의 drop도 마찬가지다. 누군가가 일부러 떨어뜨렸다고 할 때는 drop을 이용해 문장을 만들지만, UFO같이 어디서 왔는지 누가 모는지도 모르는 놈이 뚝 떨어질 때는 fall이다. 미국영어에서 가을을 fall이라고 하는 것도 누가 뭐라 하지 않아도 가을이 되면 알아서 떨어지는 가을낙엽 때문이다.

우리말에서는 목적어가 반드시 붙지만 영어에서는 목적어가 붙으면 큰일 나는 바보동사가 있다. ‘코를 골다’ 라는 뜻의 snore가 그 대표적인 예이다. 또 우리말에서는 목적어가 필요 없지만 영어에서는 반드시 목적어를 가져야 하는 바보동사도 있다. “오는 2008년에 중국 베이징에서 올림픽대회가 열린다(The Olympic games will take place in 2008)” 이라고 할 때 여기서 우리말 ‘열리다’ 는 목적어가 필요 없지만, ‘열리다’ 라는 의민인 to take place에서 동사 take는 목적어 place를 받는다.

이런 바보동사를 잘만 활용하면 적절한 의미를 편하게 전달할 수 있다. 예를 하나 들어보자. 영어 단어 enlist는 ‘ ~를 자원입대시키다’ 라는 의미로 쓰인다. 자원입대인데도 강제로 입대시키는 것 같은 느낌이 드니 모순 중에 모순이지만 미국사회를 자세히 보면 답이 나온다. 미국에는 모병관사무실이 시골 곳곳에 있는데, 할일 없이 돌아다니는 친구들을 잡아서 군에 가면 이런 저런 혜택이 있다고 유혹하는 일이 모병관들의 일이다. 만약 우리나라처럼 입대가 의무라면 draft라는 단어를 쓰면 된다. draft는 '초안을 작성하다', '스케치하다' 라는 뜻도 있는데, 이 동사도 역시 바보동사다. 미국 같은 나라에서라면 '입대하다' 라고 할 때는 to be enlisted라고 하면 되지만, 우리나라에서는 to be drafted라고 해야 하고 병역기피자는 draftdodger라고 하면 된다. 이것저것 구분하기 싫으면 그냥 to join the army라면 된다. 바보동사를 이용하면 자진해서 군에 가는지 아니면 끌려가는지가 분명히 드러난다. 이것이 바보동사들의 강점이다.

우리말로는 뜻을 그대로 옮기기 어려운 바보동사도 있다. '살아남다' 라는 뜻의 survivie가 그 가운데 하나인데, 이 동사는 목적어를 취할 수도 취하지 않을 수도 있으니 엄밀히 말해 내가 위에서 말한 그런 바보동사는 아니다. 이 동사는 목적어가 있거나 없거나 '살아남다', '생존하다' 로 쓰인다. 그런데 일단 목적어가 붙으면 우리말과 좀 달라지기 때문에 헷갈리기 일쑤다. 예를 들어 '나는 전쟁에서 살아남았다' 라는 우리말 문장을 영어로 옮기면 I survived the war가 된다. 우리말 '전쟁에서' 가 영어문장에서는 목적어로 등장하니 우리말 문법과는 전혀 다른 체계를 보이는 것이다. 각별히 주의해야 한다.

survive가 목적어를 취하면 ' ~보다 오래 살다' 라는 의미를 갖기도 한다. '부인보다 오래 살았다' 를 영어로 옮기면 He survived his wife가 된다. to live longer than이라는 비교급 표현을 몰라도 쉽게 문장을 만들 수 있다. outnumber도 마찬가지다. The enemy outnumbered us에서 outnumber는 ' ~보다 수가 많다'라는 의미인데, 목적어가 ' ~보다'라는 비교급을 대신한다. 이런 바보동사를 이용하면 비교급 문장 뺨치는 자연스러운 문장을 만들 수 있으니 바보동사가 들어 있는 문장을 만나면 그 문장을 적어두고 가끔씩 꺼내 읽어라. 사전에 나오는 뜻을 일일이 대입하고 의미를 추측하는 것보다 시간도 절약되고 단어와 문장의 이해를 높여줄 것이다.

바보동사가 사고치지 못하게 원천봉쇄하라

바보동사는 에스파냐어, 독어, 이탈리아어에서 더욱 많이 발견할 수 있다. 이들 언어에는 멀쩡히 자동사로 처리 가능한데도 타동사를 쓰는 경우가 많다. 예를 들어 우리말 '면도하다'는 자동사이지만, '면도하다'라는 의미의 독일어 rasieren는 재귀대명사를 목적어로 반드시 취해야 한다. 그래서 '내가 나 자신을 면도하다'라는 식으로 Ich rasiere mich라는 문장이 만들어진다.

에스파냐어는 재귀명사를 목적어로 취하는 재귀동사를 남발하는 경향이 있다. 머리가 아프다고 할 때 에스파냐어로는 Me duele la cabeza라고 하는데, 직역하면 '머리가 나를 아프게 한다'는 뜻이다. 머리가 아프니 내 몸이 아프다는 말이나 머리가 아프다는 말이나 결국 같은 얘기다. 서양언어에서 이렇게 복잡하게 표현하는 이유는 목적어를 반드시 가져야 하는 바보동사를 이용해서 자동사처럼 주어 스스로 무엇을 했다고 표현하기 위해 주어 자신을 목적어로 삼기 때문이다.

한편 골칫거리 바보동사들도 장가 잘 가 좋은 배우자만 만나면 효자도 되고 생전 하지 않던 착한 일도 한다. 죽어도 목적어 갖기를 거부하던 자동사들도 전치사와 결합하면 태도가 180도 변한다. 물론 뜻도 달라진다. 독일어에서 우리말 '서다' 라는 뜻의 동사는 stehen이다. 이 단어에 auf라는 전치사를 붙여 auf jn stehen라고 표현하면 글자 그대로 ' ~위에 서다' 가 아니라 ' ~를 좋아하다' 라는 뜻이 된다. 독일어로 사랑을 고백할 때 꼭 필요한 표현이니 알아두면 도움이 될 것이다.

영단어 work는 주로 일에 관련한 뜻이 많다. 이 동사가 자동사로 쓰일 경우 보통 '일하다', '직업이 있다' 라는 뜻으로 쓰이는데, 이 동사에 on을 붙이면 ' ~에 대해 작업하고 있다' 로, out을 붙이면 '운동하다' 라는 뜻으로 변한다. 아주 불친절하기로 소문난 영한사전에서는 work out을 그냥 '운동하다' 라고만 설명하는데, 이 표현은 축구나 농구 같은 스포츠를 의미하는 게 아니라 헬스클럽에서 근육 만들기를 하거나 러닝머신 위에서 땀을 빼는 것을 뜻한다.

외국어를 공부할 때에는 바보동사에 각별히 주의하면서 특이한 용례가 나올 때마다 문장째 정리하라. 흔히 회화를 잘 하려면 문장을 외우라는 말을 하는데 모든 문장을 다 외울 필요는 없다. 이런 말

썽꾸러기 문장을 익혀두고 바보동사가 사고를 치지 못하게 원천봉
쇄하기만 하면 족하다.

022
조동사와 떠나는 시간여행

한국 사람들은 '죽는 줄 알았다' 나 '죽을 뻔했다' 라는 말을 입버릇처럼 많이 쓴다. 외국인들은 "처음 한국에 왔을 때 정말 무서웠어요. 맛없는 음식을 먹고 나서도 '맛없어 죽는 줄 알았네' 그러고, 배가 고파도 '배고파 죽을 뻔했다' 그러고. 뭐가 그리 저승사자하고 면담할 일들이 많은지"라며 당황스러웠던 경험담을 말하곤 한다.

'죽을 뻔했다' 라는 말은 영어로 I got nearly killed 혹은 I almost died라고 표현할 수 있다. '하마터면' 이라는 의미가 있는 almost나 nearly를 사용해 표현한 것이다. 이 표현은 문법적으로도 틀리지 않고 의미 전달에도 거의 문제가 없는 문장이지만, 우리가 쓰는 의미와는 조금 다른 의미로 외국인에게 전해질 수 있다.

예를 들어 우리가 '배고파 죽을 뻔했다' 라고 말하면 죽을 지경으로 배가 고팠다는 것을 의미하지만, almost나 nearly를 사용해서 표현하면 배고픔 때문에 탈진한 사람이 병원에서 영양주사를 맞고 누워 있는 모습을 연상시킬 수 있다. ' ~ 뻔하다' 는 어떤 상황이 벌어지지는 않았지만 그럴 가능성이 매우 높았다는 의미이다. 우리는 일상적으로 이 말을 '어떤 상황이 벌어지지 않았다' 에 초점을 맞춰

과장되게 사용하지만, almost나 nearly는 '어떤 사건이 벌어질 가능성이 매우 높았다' 는 것을 강조하기 때문이다.

버스를 타고 가다 어디 가는데 어디서 내려야 하는지 알려달라고 할 때 영어로는 "Could you let me know when to get off"라고 말한다. 우리 식으로 내릴 곳을 알려달라는 것이 아니라 내릴 시간을 알려달라는 의미다. 아무리 내려야 할 곳에 차가 도착해도 잠시 정차한 사이에 내리지 못하면 버스는 떠나버리니 이 표현이 논리적으로는 더 어울린다. 언어를 여러 개 익히면 묘하게 각 문화권의 사고방식의 차이를 알게 된다.

서양언어는 시간여행을 하면서 존대나 감정의 깊이 등 미묘한 표현을 한다. 시간에는 물리적 시간과 심리적 시간이 있다. 물리적 시간은 우리가 매일 시계에서 볼 수 있는 1분, 1초의 시간이다. 지구의 자전에 따라 하염없이 흘러가는 것이 이 시간이다. 이 물리적 시간 속에서는 내가 아무리 붙잡고 싶어도, 과거로 돌아가 내가 저지른 실수를 만회하려 해도 할 수가 없다. 우리가 잘 알고 있는 be동사의 과거형 was나, have동사의 과거형 had는 이런 물리적 시간을 나타내기 위해 동사가 변덕을 부린 것이다. 이 물리적 시간에는 현재, 과거, 미래 같은 아주 단순한 시간개념만 존재한다.

그런데 무정하게 흐르기만 하는 물리적 시간에 반란을 일으키는 것이 심리적 시간이다. 즐거운 시간은 너무 빨리 지나가지만, 지겹고 고된 시간은 너무 더디게 간다. 소설에서도 몇 년의 세월이 겨우 몇 줄에 담겨 지나가지만, 단 수분 수초의 순간이 10여 페이지에 걸쳐 묘사되기도 한다. 모모를 쓴 미하엘 엔데는 몇 시에 출퇴근하고 약속시간에 허둥대는 현대인을 몰인정한 물리적 시간의 노예로 보고 시간을 사냥하는 모모를 창조했다. 모모는 물리적 시간에 매달리지 말고 시간을 마음속으로 극복해 각자 행복했던 순간으로 돌아가자고 외치는 시간의 혁명가다.

이 심리적 시간을 이용해 '죽을 뻔했다'를 생생하게 표현할 수 있다. '~할 뻔했다'라는 말은 '~할 수 있었다'는 의미가 담겨 있기 때문에 '죽을 뻔했다'를 '죽을 수 있었다'로 바꿔 영어로 표현하면 간단하게 해결된다. 과거에 죽을 수도 있었다는 말은 지금은 멀쩡하게 잘 살고 있다는 걸 의미이니 죽을 뻔한 것이다. 그러니까 '할 수 있다'는 의미인 조동사 can을 동사 앞에 붙이되 과거에 있었던 일이니 could로 시제를 바꾸기만 하면 된다. 'I could die'나 'I could have died'라고 하면 되는 것이다. 이 말을 '나 죽을 수 있었어요'라는 의미로 생각할 사람은 아무도 없다.

독일어에서도 마찬가지다. '나는 죽었다'라는 말을 독일어로 표현하면 Ich bin gestorben이다. 영어로 말하면 I have died 정도에 해당된다. 이 경우 독일어에서 과거시제를 나타내는 동사 bin을 약간 바꿔 Ich wäre gestorben이라고 하면 된다. 에스파냐어 역시 같은 형태로 단순한 과거인 '죽었다'라는 표현인 Yo he muerto에서 영어의 have에 해당하는 he의 형태를 바꿔 Yo podría haber muerto 라고 하면 그만이다.

과거에 한 일을 후회하며 "그때 그러지 말걸"하며 후회할 때도 시간을 거슬러 올라가면 된다. 영어로는 I should not have done it이라고 하면 되고 독어로는 Ich hätte es nicht machen sollen라고 하면 된다. 이때도 나 그거 하지 않았다는 의미의 독일어 Ich habe es nicht gemacht에서 과거시제를 나타내는 habe를 약간 고친 형태다.

유럽언어는 물리적 시간인 과거형 동사의 형태를 바꿔 심리적 시간을 나타내지만, 영어는 "나는 심리적 시간의 과거다"라는 표시로 그 형태를 바꾸지 않기 때문에 그 시간이 심리적 시간을 의미하는지 물리적 시간을 의미하는지를 구별할 수 없다. 그래서 영어가 어렵게 느껴지는 것이다. 독어에서 haben동사의 과거는 hatte지만 이것이 심리적 시간을 나타내면 hätte가 되고 영어의 be동사에 해당하는 bin 역시 물리적 시간의 과거는 war지만 이것이 마음속의 시간을 나타내면 wäre가 된다. 영어에도 과거에는 이런 변화가 있었지만 언어가 단순화되면서 사라진 것이다. 다른 유럽언어를 공부한 사람들은 조금만 생각을 하면 이런 차이를 알 수 있다. 우리나라에서는 이 심리적 시간을 가정법이라 부르면서 공식을 들먹이는데, 그것은 마음 속의 시간을 표시하는 시제일 뿐이라는 것을 명심하기 바란다. 앞으로 학교에서 배운 'If I were~ ' 라는 공식에 맞춘 문장은 잊어버리자. 시간은 시간으로 받아들여야지 가정법이라는 항목

을 만들어 공식을 외우게 되면 혼란만 가중되어 제대로 된 문장이
나오지 않는다.

서양언어에서는 동사의 시제를 바꿔 순간의 변화도 영겁의 시간으로 만들 수 있다

불어를 배우는 사람은 흔히 "젠장 과거는 과거지 반과거가 뭐야?"
라며 화를 내곤 한다. 에스파냐어에서는 이것을 불완료과거라고 하
는데 결국 같은 시제를 왜 이렇게 다르게 번역을 해 사람 헷갈리게
하는지 알다가도 모르겠다. 어려운 설명 필요 없이 한국어 번역을 붙
여보면 바로 알 수 있는 일인데 말이다. 서양언어에서는 시간이란
사람이 원하면 100년을 1분같이 1분을 100년처럼 처리할 수 있다.
　아무리 긴 시간이라도 내가 별 다른 일이 없이 흘러갔으면 그건
의미 없는 시간이니 간단히 묘사하면 그만이고 단 몇 분 만에 엄청
난 변화가 생긴다면 그 시간은 상세하게 표현할 수 있다. 서양언어
에서는 동사의 시제를 바꿔 순간의 변화도 영겁의 시간으로 만들 수
있다. 예를 들어 내가 피아노를 치는데 누가 방에 들어왔다는 표현
을 할 때 내가 피아노를 친 것이 내게 의미 있는 행동이라면 피아노
친 장면을 반과거를 사용해 길게 아주 길게 늘어뜨려 상세하게 묘사
할 수 있다. 누가 내 방에 들어온 경우 그 사람의 방문이 나에게 별
의미 없는 사건이면 그냥 들어왔다고 한마디로 끝내면 그만이다.

023
언어에 감정을 실어 보자

"Could you do me a favor?"

외국에서 곤란한 일을 당했을 때 도움을 청하는 말로 자주 쓰는 말이다. 우리는 보통 이 문장을 그냥 통째로 외운다. 그런데 "왜 can이 아니라 could를 써야 하지"라고 물으면 제대로 대답할 수 있는 사람은 극히 드물 것이다. 이 문제를 해결하기 위해서는 미래로의 시간여행을 떠나야 한다.

동사를 보조하는 역할을 하는 can이나 may 등의 조동사는 미래를 암시한다. can에는 앞으로 벌어질 일에 대한 자신감이 담겨 있고 may는 미래에 대한 추측을 암사한다. "May I help you(도와드릴까요)?"는 상대방이 도움이 필요할 것이라고 추측하고는 상대방의 답변을 기대하면서 하는 말이다.

그런데 굳이 이를 과거형으로 바꿔 could, might를 쓰는 데는 나름의 사연이 있다. can이나 may는 미래에 대한 반응을 지금 기다리는 것이고 could, might는 과거부터 미래의 반응을 기다리는 것이다. could, might는 지금부터가 아니라 과거부터 미래와 상대방의 답변을 기대해온 것이기 때문에 이들의 현재형보다는 간절함이 더

한 것이다. 간절함이 깊을수록 정중함은 더해진다. 그래서 Could you do me a favor?는 '내가 이런 이야기하기 전에 도와주면 좋을 텐데…' 하는 마음을 전하는 간절하고도 정중한 표현이 된다. 보통 서양언어에는 존댓말이 없다고 생각하지만, 서양 사람들은 이렇게 과거와 미래를 오가면서 존대의 의미를 표현한다.

동사라는 타임머신을 타고 과거와 미래를 오가는 여행은 말하는 사람 혼자 떠나는 외로운 여행이 아니라 여럿이 함께하는 여행이다. "I would like to suggest that you should keep studying English" 라고 말할 때 영어공부를 하는 사람은 you지만 그것을 바라는 사람은 I이다. 그런데 상대방의 의지를 묻거나 표현하는 조동사 shall을 과거형 should로 쓴 이유는 무엇일까? 학교문법에서는 상대에게 권유를 할 때는 should가 붙거나 이 조동사가 생략된 형태로 동사원형이 온다는 식으로만 가르치는데, 이는 그냥 형태만 외우게 하는 방법이다.

이 문장에서 공부를 하는 것은 you고 공부를 하라고 부탁하는 것은 I이다. 그리고 I가 시켜서 공부하는 게 아니라 you가 자기 의지로 공부하는 것이다. 그런데 shall이 아니라 should를 씀으로써 you가 앞으로도 과거에 가졌던 의지대로 혹은 초심으로 돌아가 계속 공부하라는 마음이 담기는 것이다. 단순히 '공부 계속했으면 좋겠다' 라는 게 아니라 '처음의 마음가짐으로 계속 공부했으면 좋겠다' 는 의미가 되는 것이다. 상대를 각성시키며 의지를 고무하는 것이다. 여기에서 you는 I의 심리적 시간 속에서 과거에서 미래로의 시간여행을 하는 것이다.

에스파냐어에서는 Creo que estudies inglés(나는 네가 영어를 공부할 것이라고 믿는다)고 할 때 '공부하다' 라는 의미의 estudiar가 일반 변화와는 다르게 변한다. 일반 평서형에서는 estudias라고 해야 할 동사가 estudies로 바뀌는데, 이런 특이한 형태가 바로 나의 심리적인 시간에 상대방이 동참하는 것이다.

서양언어가 과거와 미래를 오가며 간절한 마음을 전달한다면 일본어는 이런 감정을 수동태에 실어 표현한다.

서양언어에서는 목적어를 갖는 동사가 수동태로 바뀌지만, 일어에서는 목적어가 없는 동사도 자주 수동태로 바뀐다. 예를 들어 '오다' 라는 말은 来る인데 수동태인 来られる로 변신한다. 나에게 상대방이 온 것은 내 입장에서 볼 때 상대방의 방문을 받은 것이 되기 때문에 생긴 말로 주로 경어체에서 등장한다. 우리말로 굳이 번역한다면 '왕림하셨다' 라고 해야 할 것 같다. 나는 가만히 있는데 상대방이 수고스럽게 일부러 내게 와주셨다는 의미다.

'내가 무슨 이야기를 들었다' 라고 말할 때 직접 '듣다' 라는 동사를 써서 ' ~からお話を聞きました(~로부터 이야기를 들었습니다)' 라고도 말하지만 ' ~に言われました' 라고도 한다. 이 경우에는 '말하다' 라는 동사인 言う를 수동태로 바꾼 형태인데 주로 감정이 실려 있다. 직역하면 '~에 의해 말하여지다' 이지만 '직장에서 윗사람에게 한소리 들었다' 고 할 때 이런 문장을 쓴다. 뭔가 잔소리를 듣고 내 기분이 좋지 않다는 의미다. 거꾸로 '누군가가 말하여지다(~が 言われました)' 라고 하면 '누가 말씀하셨다' 는 존경어가 된다.

일본어에서 이처럼 수동태가 등장하는 것은 내가 타인과 함께 살면서 알게 모르게 그들에게 도움이나 영향을 많이 받았다는 생각이 강하기 때문이다.

그리고 일본에서는 자신의 능력을 나타낼 때도 수동형을 쓰는데, 이는 일본인들의 범신론적 사고 때문이다. 일본 오키나와(沖繩)에 가보니 아직도 불의 신(火の神)을 모시는 가정이 많았다. 일본인들은 온갖 것에 신이 깃들어 있는데, 이 도처에 깔린 신들의 도움으로 나는 뭐든지 할 수 있다고 믿었다. 서양 사람들이 나를 중심으로 세상만사를 해석하는데 비해 일본인들은 남과 나의 관계를 중시하기 때문에 서양 사람들로부터 예의바르다는 평을 듣는 것 같다. 그런데 남에게 상냥한 배려를 하는 것을 미덕으로 여기는 일본인들이 침략전쟁의 전범들이 묻힌 야스쿠니(靖國)신사참배를 강행하는 것을 보면 그들은 자신들의 언어가 어디서 나왔는지도 모르는 사람들이라는 기분이 든다.

2006년 독일월드컵이 열리기 전에 히딩크는 "한국을 위해 일본을 이기겠다"고 말했다. 히딩크는 약속을 지켜 2006 독일월드컵에서 한국을 위해 일본을 3대 1로 눌렀다. 역시 히딩크는 심리전의 대가다. 히딩크의 발언을 들은 일본팬들이 발끈해 일본대표팀에 거는 기대가 커질수록 일본대표팀 선수들은 중압감에 시달렸을 것이다.

외신들도 이런 히딩크의 심리전을 대대적으로 보도하며 "Hiddink saddled Japan by using Korea-Japan relation(한일관계를 이용해 히딩크가 일본에 부담을 안겼다)"고 했다. 한일관계를 잘 이해한 히딩크가 일본과 호주와의 경기를 앞두고 난데없이 한국을 끌어들여 한일전의 대리전 양상을 만들었기 때문에 일본선수들은 이 경기에서 지면 체면이 말이 아닐 테니 긴장할 만도 하다. 여기서 쓰인 saddle은 원래 '안장' 이라는 의미다. 이 문장은 ' ~함으로써 ~에게 안장을 올리듯 부담을 준다' 라는 의미다. 직접 부담을 주는 것은 아니지만 다른 뭔가를 통해 상대방이 스스로 부담을 느끼게 할 때 사용하는 표현이다. 만약 히딩크가 일본에 직접 부담을 주어 긴장을 시켰다면 Hiddink made the Japanese team nervous라고 하면 된다. 독일어에도 아주 비슷한 표현이 있는데 jn mit etw belasten이다. belasten은 ' ~에게 짐을 지우다' 라는 뜻이 강하다. 이런 saddle이나 belasten 같은 동사는 목적어를 가질 수 있지만, 자신이 직접 목적어에게 어떤 영향을 줄 수는 없고 다른 일을 통해 목적어를 압박하는 일밖에 하지 못하는 바보들이다. 우리가 학교에서 귀가 따갑게 배운 문장의 5형식에는 동사가 뒤에 오는 목적어에 직접 영향을 미치는 식의 문형은 있지만, 이렇게 비겁하게 치고 뒤로 빠지는 동사는 별도로 분류하지 않는 것 같다.

I don't want to saddle you with my problem는 '내 문제로 남에게 폐를 끼치기 싫다' 라는 의미다. 내 문제를 가지고 너에게 멍에를 지울 수는 없다는 말로 해석하면 더 적절하다. 문제는 뒤에 등장하는 my problem이지만 걱정은 you가 하는 셈이다.

이렇게 자기는 직접 하는 일이 없으면서 목적어가 고생하도록 만든 이 바보동사의 특징이 있다면 혼자 설 수 없고 전치사를 꼭 동반한다는 것이다. 아무리 뜻이 비슷해도 목적어가 필요한 동사, 필요 없는 동사, 자기는 손 하나 움직이지 않으면서 목적어에게 일을 잔뜩 시키는 팥쥐 엄마 같은 동사도 있다.

문법문제 중 '제공하다' 라는 뜻의 provide나 supply 같은 동사 뒤에 어떤 전치사가 오는지에 관한 게 많았다. 그때 대개의 교사들은 'provide+사람+with+사물', 'provide+사물+for+사람' 이라는 공식을 외우라고 강요한다.

그런데 이런 학습방식은 시험문제를 찍을 때라면 모를까 이 문형을 이용해 말을 할 때는 문장을 즉석에서 만들기 어렵다. 흔히 ' 에게 을 제공하다' 라는 문형은 give를 이용하면 편하게 만들 수 있다.

실제로 대학에서 상당히 영어를 잘 하는 사람들도 provide나 supply 대신 give를 사용해 문장을 많이 만든다. 하지만 우리말 '주다'와 '제공하다'가 어감이 다른 것처럼 provide, supply와 give 역시 어감이 다르다는 것을 알아둘 필요가 있다.

provide나 supply가 목적어에게 제공하는 것은 만질 수 있는 명사보다는 만질 수 없는 추상명사나 물질명사가 많다. 만질 수 없는 것을 제공하려다 보니 provide는 거추장스럽지만 with나 for 같은 도구가 필요할 수밖에 없다. 이런 문형은 원어사전을 아무리 읽어도 왜 그렇게 되는지 파악하기 어렵기 때문에 그냥 provide를 '제공(提供)하다'의 한자 뜻을 중심으로 알아두면 문장을 만드는 데 아주 편리하다. 참고로 give 뒤에는 주로 잡을 수 있는 명사가 오지만 반드시 그런 것은 아니다. 예를 들어 '기합을 주다'는 의미의 to give hard time, '기회를 주다'를 뜻하는 to give a chance 같은 표현을 할 때에는 give 뒤에 잡히지 않는 명사가 올 수 있다. 독일어에서도 '제공하다'라는 의미의 anbieten 대신 '주다'라는 뜻의 geben을 써 die Gelegenheit geben라고 하면 '기회를 주다'라는 말이 된다. 정확한 어감을 알기 위해 우리말을 활용하는 것도 나쁘지는 않다.

provide와 supply는 saddle과 마찬가지로 남의 자식을 키우는 새엄마다. 그러다 보니 무엇이든 남편인 전치사를 통해서만 아이에게 전달하려고 한다. 내 자식이라면 아이가 잘못을 했을 때는 혼을 내고 잘한 일을 했을 때는 선물을 주겠지만, 남의 자식에게는 무엇을 하기가 눈치 보이는 법이다.

그런데 이런 새엄마 밑에서 자란 아이들은 독립심이 강해 빨리 부모 곁에서 떨어져나가려고 하는데, 부모도 자식이 멀어지려는 것을 말리지 않다. 이런 새엄마 동사들은 목적어에게 뭘 시키기 보다는 스스로 목적어가 무엇을 하라고 부추긴다. 자기 자식에게는 공부 좀 열심히 하라고 때리기도 하지만, 남의 자식에게는 무관심하다. 공부를 하든 말든 그건 자기가 알아서 할 문제이기 때문이다.

이렇게 '알아서 해라' 라는 식의 새엄마 동사의 대표는 enable이다. World Cup enabled whole Korean people to get together이라고 하면 '월드컵을 계기로 우리 국민들이 하나가 됐다' 라는 의미인데, 우리말 의미에서 주어는 영어문장에서 목적어로 나온 Korean people이다. 무정한 엄마 enable은 자식인 Korean people을 위해 직접 해주는 게 하나도 없다. 그냥 Korean people이 뭉치든 흩어지든 스스로 알아서 결정하라고만 할 뿐이다. 이런 새엄마 동사를 찾을 때는 우리말을 이용하는 것이 좋다. 우리말로 풀었을 때는 주어인데 영문에서는 목적어로 온다면 일단 동사 자체를 유심하게 살핀 다음 좋은 엄마인지 무책임한 엄마인지를 가려내야 한다.

표준어와
사투리

"전 영국에서 영어공부를 해서 그런지 미국영어로 평가하는 토익의 듣기가 힘들어요."

  아마 영국영어와 미국영어가 차이가 있기 때문에 이런 말이 나올 것이다. 하지만 이런 말을 하는 사람들은 영국영어도 미국영어도 제대로 못한다는 것을 알아야 한다. 영국영어고 미국영어고 식민지 영어고 아니 어느 촌구석에서 배운 사투리 영어라도 제대로만 배우면 의사소통하는 데 문제가 없기 때문이다. 만약 의사소통이 어려울 만큼 각 국의 영어 간에 차이가 심하다면 영국 사람, 미국 사람, 필리핀 사람은 영어로 대화가 안 될 것이다. 이들이 실제로 만나면 대화가 안 되나? 이들이 딴 나라 말을 하는 건가? 다시 한 번 말하지만 미국영어든 영국영어든, 프랑스에서 쓰는 프랑스어든 알제리에서 쓰는 프랑스어든, 어느 시골구석에서 쓰는 사투리든 제대로만 익히면 된다. 하나라도 제대로 해서 다른 사투리를 알아듣는 것은 물론 그 뉘앙스마저 잡을 수 있다면 그걸로 된 것이다. 로버트 할리가 경상도 사투리로 말을 하지만 한국에서 누구와 대화하더라도 문제가 없다는 것을 명심하자.

  한편 영어학원이나 청취력 훈련을 하는 사람들이 가장 선호하는 방송교재는 미국 CNN 방송이다. CNN이 들리면 귀가 뚫렸다고 생각하고는 아주 자랑스럽게 생각한다. 영어를 마스터한 것처럼 말이다. 그런데 영어를 어느 정도 하는 사람은 CNN에 등장하는 영어를 짜증스러워 한다. CNN 영어의 경우 쓰는 어휘나 표현이 너무나 한정이 돼 있어 사람을 바보 취급하는 느낌이 들기 때문이다.

물론 CNN 영어가 상당히 경제적이긴 하다. 최소한의 어휘를 가지고도 하고 싶은 이야기를 다 할 수 있고 말을 빙빙 돌리지 않아 짧고 분명하게 의사를 전달할 수 있으니까 말이다. 얼마나 편하고 좋은가. 적은 어휘로 짧고 분명하게 말할 수 있다는데. 하지만 살다보면 주절주절 길게 말을 늘어놓을 때도 있고 완곡어법으로 말을 할 때도 있다. 때로는 유머러스하게 때로는 어눌하게 이야기해야 하는 상황도 있다.

이 장에서는 미국영어와 영국영어의 차이점과 특징을 살펴보고 CNN 영어에 어떤 한계가 있는지를 지적하면서 CNN 영어가 영어의 완성이 아니라 시작이라는 점을 보여줄 것이다. 그리고 구식민지 출신들이 자신의 나라를 지배하던 제국에서 국어와 외국어 교사로 활약하고 있고 각 국가에서 교사 확보 전쟁이 벌어지고 있는 사실을 제시하면서 우리나라의 외국어교육의 문제점을 지적할 것이다.

미국과 영국은 같은 언어로 나뉜 제국

"내가 영국영어로 이야기하면 아이들이 못 알아듣는다고 미국영어를 배우라는데 기가 막히더라고."

한 영국인 학원강사의 말인데, 영국이나 호주 억양은 영어인증시험에 등장하지 않기 때문에 그러리라. 그런데 미국영어와 영국영어는 얼마나 다르기에 사람들이 그러는 것일까? 미국 사람과 영국 사람은 서로 말이 안 통하는 건가? 사실 미국영어와 영국영어는 서로 다르긴 하다. 마치 경상도 사투리가 남성적이고 털털한 면이 있고 전라도 사투리는 표현이 섬세하고 충청도 사투리가 느리고 퉁명스러운 것처럼 미국영어가 달콤한 아이스크림 같은 부드러운 느낌이라면 영국영어는 산뜻한 맛의 레몬을 넣은 홍차같이 깔끔한 느낌이랄까. 물론 미국과 영국이 대서양을 사이에 두고 있는 만큼 우리의 지방 사투리보다는 차이가 크지만 말이다.

그런데 미국영어에도 한 가지 억양이나 발음만 있는 게 아니다. 언어학자들이 분석한 바에 따르면 미국에는 약 13개의 서로 다른 억양과 발음이 존재한다. 동부 보스턴의 영어는 r 발음을 거의 내지 않아 영국영어의 친척뻘이고 남부의 영어는 걸쭉한 막걸리를 마신 듯한 느낌이다. 보통 표준어라고 통용되는 중서부의 영어는 TV English로 불리기도 하는데 뉴스앵커들의 발음이다.

영국영어도 사정은 마찬가지다. 우리가 흔히 접하는 BBC 영어는 사실 BBC 앵커맨들을 위한 영어다. 왕실에서 쓰는 Queen's English를 실생활에서 쓰는 영국인은 가뭄에 콩 나듯 하고 잉글랜드 남부를 제외한 나머지 지역은 심하면 각 군 단위별로 발음이나 억양이 다르다. 웨일즈나 스코틀랜드는 더욱 차이가 심하고 아일랜드는 별개의 발음체계다.

미국인이나 영국인들도 서로의 영어에 대해 차이를 느낀다. 미국 남부의 술집에서 영국식 억양으로 이야기하면 사람들의 주목을 끌 수 있다. 영국영어는 미국인들 특히 여성들에게 대인기다. 하지만 남성들은 영국영어를 쓰는 사람들을 왠지 호모 같고 약삭빠른 깍쟁이로 취급하는 경향이 있다. 영국인들은 미국영어에 대해 simplified English라고 한다. 원래 영어의 맛이 사라져 무미건조하다는 이야기다.

미국영어와 영국영어는 발음이나 억양에서도 차이가 나지만 사물을 표현하는 방식이나 말하고 글을 쓰는 방식도 다르다.

'여성에게 치근거리다'를 영국인들은 make a pass나 attempt seduction이라고 표현하지만, 미국인들은 간편하게 come on to라고 한다. 말도 안 되는 비교를 하면 영국인들은 like chalk and cheese라고 말하는데, 미국인들은 apples and oranges라고 말한다.

호텔에서 수속 밟고 투숙하는 것을 영국영어로는 registering at a hotel이라고 하고 미국영어로는 check in이라고 한다. 미국영어는 영국영어에 비해 훨씬 간단하게 의사전달을 하는 장점이 있는 반면 좀 직설적이라는 단점이 있다. 영국영어는 오랜 기간에 걸쳐 형성된 언어이고 불어와 켈트어의 영향을 받았다. 그래서 영국영어는 표현이 상당히 예스럽다. 누군가 여행을 떠날 때 영국 사람들은 Godspeed라고 말한다. 미국인이라면 그냥 have a nice trip이라고 할 것이다.

영국영어가 옳은지 미국영어가 옳은지에 대한 논쟁은 의미가 없다. 먼저 영국영어나 미국영어가 전혀 다른 언어가 아니고 영국영어든 미국영어든 하나만 제대로 익히면 다른 쪽을 알아듣는 데는 지장이 없기 때문이다.

나는 아일랜드에 잠깐 갔다 와서인지 내 영어에는 아일랜드식 영어가 묻어 있다. 그래서 미국에 가서 무슨 말을 하면 미국인들은 영어를 잘하는데 미국에서는 그렇게 말하지 않는다며 내 표현이나 발음을 미국식으로 고쳐주려고 한다. 자기들 말이 영국인들 말보다는 알아듣기 쉽다는 것은 강조하면서 말이다.

이런 미국인들의 말에는 찬성한다. 여러 이민 집단으로 구성된 나라이다 보니 미국영어는 표현이 간단하기 때문에 영어에 접근하기 편하다. 그리고 다른 어느 영어권국가보다 미국인들은 말을 천천히 한다. 뉴요커들이야 말이 무척 빠르지만 그것도 영국토박이들에 비하면 새 발의 피다.

만약 누가 영국영어와 미국영어 가운데 어느 것을 배우는 게 좋냐고 묻는다면 나는 자신이 관심이 있는 나라의 영어를 배우는 게 제일 좋다고 말하고 싶다. 미국영어든 영국영어든 제대로 익히는 게 중요하니까 말이다.

만약 외국에서 외국어를 배울 수 있는 기회가 생긴다면 말만 배우려고 하지 말고 그 나라에서 누릴 수 있는 문화적 혜택을 충분히 누리고 반가운 친구를 사귀라는 충고는 꼭 하고 싶다.

 **표준어는 뉴스를 진행하는 앵커들의 말이다**

나는 지독한 영화광이다. 영화를 많이 보기도 하지만 일단 흥미를 느낀 영화는 15번은 다시 봐야 직성이 풀린다. 심지어 영화 DVD를 밤새 돌아가게 한 적도 있다.

지난 몇 년간 내가 제일 좋아했던 감독은 얼마 전 타계한 일본의 노장감독 이마무라 쇼헤이(今村昌平)이다. 이마무라의 영화 가운데 〈간장선생〉을 몇 번이고 돌려본 적이 있는데 이유는 간단하다. 대사가 전부 시코쿠 사투리였기 때문이다. 일본은 메이지유신 때까지는 언어가 통일이 되지 않았기 때문에 사투리에 독특한 맛이 있다.

도쿄에서 쓰는 말이 표준어라고 할 수 있을까? 나는 단연코 아니라고 부정하겠다. 도쿄 사투리는 は, ひ, ふ, へ, ほ를 さ, し, す, せ,

즈로 발음한다. 흔히 음료수 등을 차게 한 것을 히야시라고 하는데 이때도 시야시라고 발음한다. 일본의 표준어는 NHK뉴스를 진행하는 앵커들의 말이다. 이는 영국도 미국도 우리나라도 마찬가지다.

내가 자신 있게 할 수 있는 외국어는 영어, 독어, 에스파냐어, 이탈리아어, 일본어인데, 사투리의 뉘앙스까지 잡는 수준이다. 적어도 사투리는 알아들어야 외국어를 할 줄 안다고 말하자는 것이 내가 세운 목표였다.

독어나 이탈리아어는 사투리가 심하다. 독일어는 독일 국내 뿐 아니라 오스트리아, 벨기에의 일부, 스위스 등 여러 나라에서 독어를 쓰기 때문에 사투리가 심할 수밖에 없다. 오스트리아에서는 정확한 표준독어(보통 북부 독일 하노버 말을 표준어로 본다)를 쓰는 사람과 콧소리가 강한 알프스지방 사투리를 쓰는 사람으로 극명하게 나뉜다. 스위스 사람들이 자기들끼리 독어로 말할 때는 자막이 뜰 정도지만 취리히 같은 대도시에서는 친절하게 표준어로 이야기한다. 다행인 것은 출판언어의 경우 영어에서처럼 출판물을 보고도 저자가 영국인인지 미국인인지 알만큼 엄청난 차이는 없다는 것이다. 출판관련 언어는 대개 독일에서 정한 규칙을 준수한다. 오스트리아 같은 지역에서는 남부독어의 정취를 느낄 수 있는 어휘도 많이 있다.

이탈리아어는 토스카나지방 말이 표준어라고 할 수 있다. 로마에서 쓰는 말은 어중이떠중이의 말이고 로마 이북은 유럽, 로마 이남은 이탈리아, 로마는 로마라는 농담이 있다. 이탈리아 전역에서 사람들이 로마로 모이는데다 사투리가 강하기로 유명한 나폴리가 로마에서 기차로 고작 2시간 거리에 있기 때문이다.

에스파냐어의 경우 19세기 초 에스파냐의 남미 식민지가 독립했지만 에스파냐과 구식민지 간에는 놀랍도록 언어적인 동질성을 유지하고 있다. 포르투갈어는 브라질인과 포르투갈인들이 서로 의사소통이 힘들 정도로 갈라졌다. 브라질 사람들은 본토 포르투갈인과 모국어로 말하는 것보다 이웃의 에스파냐어권 사람들과 이야기하는 것이 편하다는 말을 자주 한다니 그 사정을 알만하다.

나는 에스파냐식 에스파냐어를 배웠지만 에스파냐 사람이 콜롬비아 농부보다 정확한 발음으로 이야기한다고 장담은 못하겠다. 무엇보다 에스파냐 내에서는 우리가 에스파냐어라 부르는 Castellano와 더불어 Catalán, Gallego, Vasco어가 쓰이는데, 이 방언권의 발음은 확실히 다르다. 콜롬비아 사람들이 가장 중립적이고 무난한 발음을 구사하는 것 같다.

025

American dream is English nightmare

미국은 여러 나라에서 온 이민자 집단이 만든 나라이다. 그러다 보니 초기 이민자들은 어느 나라 출신이건 문화충돌을 빚곤 했다. 요즘은 한국인들이 고국에서 먹던 음식인 개고기나 산나물때문에 주류문화층인 백인들과 갈등을 빚는 모양이다.

캘리포니아주에는 야생동물인 코요테를 키우는 농장이 많은데 코요테 농장 주인은 대부분 한국인이다. 여기서 키운 코요테가 개고기로 둔갑해 한인식당이나 가정에 팔린다. 또 미국의 국립공원들은 봄만 되면 잡초로만 여기던 냉이나 쑥이 한국 사람들에 의해 초토화되자 나물체취에 제한을 가하고 있다. 독일에 있을 때도 공원에 난 고사리를 꺾는 한국교민들과 공원당국이 충돌하는 것을 본 적이 있다. 공원에서는 이 고사리를 사슴사료로 썼는데 먹성 좋은 한국인들이 고사리를 뜯어가 사슴 먹일 풀이 없어진다고 불만이 대단했다.

먹거리를 두고도 이런 갈등이 생기는데 다른 문화권에서 온 사람들이 어울리다 보면 불가피한 오해가 생길 수 있다. 그래서인지 미국식 농담은 상당히 조심스러운 면이 있다. 예를 들어 영국이나 아일랜드, 호주 등 소위 영국영어의 영향을 받은 지역에서는 ridiculous라는

말을 마구 쓴다. 그런데 미국에서는 이 단어가 가지는 의미가 훨씬
강해서 잘못하면 싸움으로 번질 수 있다.

말 한마디 잘 못하면 따귀 맞기 좋은 환경이다. 오늘날 미국인들
이 쓰는 영어는 사용하는 어휘가 상당히 한정돼 있다 보니 쉬운 단
어에 새로운 뜻을 추가한다. 그래서 한편으로는 어렵게 느껴지는
면이 있다.

미국식 구어체로 간단한 문장을 만들어보자. "I don't sweat it"이
라고 말하면 "그까짓 걸로 걱정할 필요없어"라는 말이다. 물론
"You don't have to worry about it"이라는 문장도 있
지만 sweat이라는 말을 쓰면 훨씬 말이 맛깔스럽다.
"그 까짓 근심걱정은 저 멀리 바다에 던져버려"정도에

해당하니 훨씬 듣기에 명랑하다. 언젠가 미국인친구가 내게 한 말
을 듣고 한동안 혼란스러웠던 적이 있었다. 미군부대 출입증을 얻
어 취재를 해야 하는데 이 친구가 소위 말해 개인적인 인맥을 통해
뒤를 봐줬다. 그 뒤 "Promise them your first born"라고 말하는 것이
다. 이 말을 듣고 born이라는 말이 '태어난' 이라는 뜻 외에 다른 의
미가 있는지 열심히 사전을 뒤적였지만 아무것도 찾지 못했다. 다
음에 정확한 의미를 물어보니 "Promise them your first born child"
라고 말한다. 즉 내 첫 아이를 걸고서라도 개들이 원하는 것은 다 주
라는 말이다. 달리 표현하면 "머리카락 잘라 짚신이라도 삼아주라"
는 말이다. 이렇게 단어 하나하나가 쉽다고 미국영어가 아무것도

아니라고 보면 큰 오산이다.

하지만 영국인들 대부분은 이런 미국인들의 영어에 대해 "우리가 미국인들보다는 일상적으로 쓰는 어휘가 훨씬 많은 것 같다"고 평가한다. 달리 말하면 미국영어는 똑같은 한정된 단어를 이어 붙여 문장을 만드는 급조된 엉터리 언어라는 비웃음이 담겨 있다.

물론 영국인들의 이런 지적이 다 틀린 것도 아니고 다 맞는 것도 아니다. 요즘 미국영어는 꾸준히 자기만의 뜻을 가진 말을 만들어낸다. 새로운 신조어를 만드는 데 영국이 자기나라 문학작품에 기초를 둔다면 미국은 전혀 다른 문화권의 생각이나 생활습관을 받아들이는 식이다. 예를 들어 동양사람들이 무릎을 꿇고 정좌하는 모습을 미국인들은 한 단어로 squat이라고 하지만 영국영어에는 딱 떨어지는 말이 없다.

이제는 해가 지는 제국이 된 영국. 이런 영국인들에게 마지막 자존심이 영어인지는 모른다. 분명한 것은 일상생활에서 쓰는 어휘를 선택하는 데 있어 미국인보다 훨씬 다양함을 추구하는 것은 영국인이라는 사실이다. 마지막 남은 셰익스피어의 후예로서의 자존심이랄까? 한 영국인은 "American dream is English nightmare(미국인의 꿈은 영국인의 악몽)"이라며 씁쓸한 미소를 지었다.

026
사람을 바보로 만드는 CNN

영어학원이나 청취력 훈련을 하는 사람들이 가장 선호하는 방송교재는 미국 CNN 방송이다. CNN이 들리면 귀가 뚫렸다고 생각하고는 아주 자랑스럽게 생각한다. 영어를 마스터한 것처럼 말이다. 그런데 영어를 어느 정도 하는 사람은 CNN에 등장하는 영어를 짜증스러워 한다. CNN 영어의 경우 쓰는 어휘나 표현이 너무나 한정돼 있어 사람을 바보 취급하는 느낌이 들기 때문이다.

물론 CNN 영어가 상당히 경제적이긴 하다. 최소한의 어휘를 가지고도 하고 싶은 이야기를 다 할 수 있고 말을 빙빙 돌리지 않아 짧고 분명하게 의사를 전달할 수 있으니까 말이다. 얼마나 편하고 좋은가. 적은 어휘로 짧고 분명하게 말할 수 있다는데. 하지만 살다보면 주절주절 길게 말을 늘어놓을 때도 있고 완곡어법으로 말을 할 때도 있다. 때로는 유머러스하게 때로는 어눌하게 이야기해야 하는 상황도 있다.

단어 선정에 있어서도 CNN 영어는 심각한 문제점을 드러낸다. 어휘 가운데도 사람의 감정을 표현하는 형용사는 무척 중요하다. 감정은 자연, 정치, 경제의 변화보다 더 민감하고 쉽게 변할 수 있기 때문에 말 하나를 하더라도 제대로 해야 한다. 한 예로 누가 무슨 과제를 앞두고 지나치게 걱정을 하며 과민증을 보이는 경우 영국에서는 to be overanxious라고 말한다. '걱정하는' 이란 anxious 앞에 over를 붙인 아주 적절한 표현이다. 그런데 미국영어에서는 그냥 nervous를 쓸 뿐이다. 이 단어를 쓸 경우 사람이 자칫 신경과민증 환자로 비쳐질 수 있다. 또 사람을 성가시게 하다고 할 때도 nervous를 써 make nervous라고 표현하기 때문에 그 뜻이 대단히 불분명하다. 이렇게 한 가지 단어를 광범위하고 다양한 뜻으로 쓰는 현상은 초기 비영어권 이민자들이 최소한의 어휘를 사용해 하고자 하는 말을 하려다 보니 생겨나게 되었다.

CNN 영어가 단순명료한 이유도 다름 아닌 영어가 모국어가 아닌 시청자를 배려해야 하기 때문이다. 기자가 되면 "기사는 중학교 3학년이 읽어도 이해할 수 있게 써라"라는 주문을 듣는데, 누구나 쉽게 접하고 이해할 수 있도록 사용되는 것이 매스미디어 언어의 특징이다. 더구나 토론프로그램이나 교양프로그램이 아닌 뉴스는 세상 돌아가는 것을 보여주는 것이니 복잡한 내용은 금물이다. 다소 까다로운 내용이 있어도 이를 실타래 풀듯 풀어 다시 설명하는 것이 뉴스편집자들의 일이다.

미국은 영어가 모국어가 아닌 이민자 숫자가 전체 인구의 10퍼센트에 육박한다. 미국 인구가 3억이라고 했을 때 이민자수가 3000만명이라면 대단한 숫자다. 더구나 이들은 어린이가 아닌 거의 전원이 어른들이다. 바로 현금을 내고 상품을 살 수 있는 소비인구인 셈이다. 이들에게 외면당한 상품이 살아남기는 어려운 것이 현실이다. 이민자들이 쉽게 정보를 얻을 수 있는 곳이 바로 CNN이다.

결국 영어교육의 최종 목표로 여기는 CNN은 미국에서는 영어가 자유롭지 못한 사람을 위한 가장 기초적인 단계의 뉴스공급처라는 이야기다. 말을 쉽게 해서 크게 성공한 사람은 빌 클린턴 전 미국대통령이다. 아주 복잡한 사안을 쉽게 설명해 유권자들에게 '그 친구 참 말 잘하네' 라는 감탄사를 자아낸 사람이 바로 클린턴이다.

정치적 죽음의 위기에 몰린 클린턴은 거짓말도 기술적으로 쉽게 했다. 마리화나를 피운 적이 있냐는 질문에 아니라고 답한 클린턴이 대학시절 마리화나를 맛있게 피운 사실이 드러난 적이 있다. 이때도 클린턴은 "I smoked marijuana, but I didn't inhale it(피우긴 했는데 연기를 들이마신 적은 없다)"라는 말로 위기를 모면했다.

이런 클린턴식 영어가 정치인으로서 클린턴을 성공시켰는지는 모르지만, 이제 거의 모든 정치인들이 말을 쉽게 하려는 경향을 강하게 보여 미상원 청문회를 봐도 그다지 쓸 만한 표현을 건질 수 없게 되었다. 미국영어는 재미없는 언어가 된 것이다. 나쁜 말로 표현하면 위로는 대통령부터 아래로는 양아치까지 쓰는 말이 같아진 것이다.

그리고 쉽고 일상적인 단어를 반복해 사용하다 보니 문법이 파괴

되기도 한다. 이런 문법파괴는 비어, 속어에서 더욱 많이 나타난다. '오랜만입니다' 라는 말을 long time no see라고 말한다. It has been a long time that we haven' t seen을 줄인 표현이다. 미국을 제외한 다른 영어권 국가에서 미국영어가 축약형 표현이 많다고 지적할 때 바로 이런 표현을 두고 하는 말이다.

미국은 이혼이 빈번한 사회이다 보니 이혼으로 인한 가족관계의 변화마저 언어에 투영된다. 보통 자신과는 피가 섞이지 않았지만 부모와의 혼인관계를 통해 가족이 된 계부(繼父)나 계모(繼母)가 전 배우자와의 사이에서 낳은 아이를 데려오면 그 아이를 stepbrother 라고 한다. 물론 계부, 계모는 stepfather, stepmother이다. 그런데 결혼하고 보니 장모가 부인과는 상관이 없는 재혼해 들어온 계모라면 남편에게 장모는 step-in law가 되는 것이다. 내가 가진 옥스퍼드 사전에는 아직 이 단어가 없는데 미국영어의 집대성인 웹스터사전 에는 나올 법도 하다.

미국영어, 아니 현대영어에서 빠질 수 없는 것이 있는데, fuck과 shit이다. 단어에는 명사, 형용사, 동사, 부사 등 품사라는 것이 있 다. 단어는 그 뜻에 따라 이 품사에 맞춰 움직이고 문장을 구성하는 것이 정론이지만 위의 두 단어는 어떤 때는 동사도, 어떤 때는 명사 그리고 형용사도 되고 부사도 되는 magic word다.

모든 뉴스매체의 한계이기도 하지만 CNN의 경우는 너무 일방적 으로 정보를 전달한다. 회화가 늘려면 남의 의견을 듣는 것도 중요하지만 자신의 의견을 어떻게 표현하느냐가 더욱 중요하다. 의견이 왔다 갔다 하는 것이 회화인데 미국영어의 전도사인 CNN은 일방적으로 정보만을 제공할 뿐 서로 토론하는 모습을 잘 보여주지는 않는다. 설사 보여준다고 해도 감정이 격해져 거친 말을 하거나 상대를 지나치게 몰아붙이는 조금은 상스러운 모습을 당연하다는 듯이 보여준다.

 패스트푸드 천국, 비만의 천국, 바보들의 천국

얼마 전 미국을 다녀온 친구는 "할리우드영화에 등장하는 금발의 쭉쭉빵빵인 여자는 없고 갈색머리의 돼지들만 가득했다"고 말했다. 세계 여러 나라를 학생시절부터 지금까지 다녀봤지만 미국과 호주만큼 비만이 심각한 나라는 없는 것 같다. 정말 살을 빼기 위해 눈물겨운 노력을 하지만 미국인들의 체중은 줄어들 기미가 보이지 않는다.

이런 비만의 주범으로 지목되어 곤욕을 치른 것이 맥도널드를 비롯한 패스트푸드점인데 내가 보기에는 패스트푸드가 그냥 건강에 좋지 않다고 하면 그만이지 비만의 원인으로까지 몰릴 이유는 없는 것 같다. 미국인들은 거의 요리를 할 줄도 모르고 하지도 않아서 조리된 음식을 사다 먹기 때문에 반드시 맥도날드만 나쁜 것도 아니다. 더 이상 요리를 할 수 없게 된 미국가정의 음식문화를 비난해야

패스트푹드 천국
비만의 천국
바보들의 천국

할 것이다.

미국인들은 유럽인들이 줄담배를 피우는 모습을 보면 아예 사람 취급도 하지 않는다. 불과 1970년대만 해도 흡연은 미국에서 최고조를 이뤘고 지금도 담배수출로 재미를 가장 많이 보는 나라가 미국이라는 사실도 잊은 채 말이다. 미국 남부의 식당에 가면 식사를 시킬 때 함께 청량음료를 시키면 청량음료를 무조건 무료로 리필을 해준다. 미국인들은 southern hospitality라고 하지만 청량음료에 든 설탕이 비만을 조장하는 것은 사실이다. 밥 먹으며 콜라 마시는 나라는 미국뿐이다. 미국인들이 그처럼 무서워하는 담배 못지않게 해로운 것이 매일 마시는 청량음료라는 것을 아는지 모르는지 참 신기하기까지 하다.

미국의 비만문제를 해결하려면 미국 전역에서 가정에 있는 TV를 없애야 한다. 미국 부모들은 어릴 때부터 아이들을 의자에 앉혀놓고 TV를 보게 하는데, TV보는 동안은 아이들이 얌전해지기 때문이다. 미국은 민영방송도 많고 채널수도 엄청나 하루 종일 어디를 돌려도 재미있는 프로를 찾을 수 있다. TV가 baby-sitter가 된 셈이다. 이런 아이들이 성장하면 머리는 비고 몸은 비대해진다.

비만퇴치를 위해 꼭 없애야 할 것은 바로 총기다. 도시의 변두리 지역에선 해가 지면 차를 타지 않고는 외출이 불가능한 것이 미국의 현주소다. 밤에도 쇼핑몰이 붐비고 식당과 술집이 불야성을 이루는 서울의 밤거리는 미국에선 꿈속에서나 볼 수 있는 광경이 됐다. 미국은 사람이 움직일 수 있는 공간을 범죄라는 놈이 차지하면서 사람들이 방안에만 틀어박혀 나오지 않는 '방콕' 이 된 셈이다.

미국을 지상낙원으로 여기는 분이 있다면 한마디 하고 싶다. 미국은 분명 천국이다. 엄청난 국토와 경제력, 특히 풍부한 물자를 보면 입이 벌어진다. 그런데 이 천국은 바보들의 천국이다. 자기 체재에 반항하지 않고 순순히 성실하게 사는 사람에게는 이만큼 좋은 나라가 없다. 하지만 조금이라도 미국식 사고방식이나 생활에 이의를 제기하면 당신은 왕따 당한다.

요즘은 이런 미국인들의 신경질이 영어에까지 영향을 미친 모양이다. 영어는 미국만의 언어는 아니다. 그런데 조금이라도 표현이 이상하거나 영국이나 다른 나라에서 영어를 배운 것이 티가 나면 적대시하는 경향이 역력하다.

미국에서 살고 싶으면 영어를 기초부터 미국에서 다지든지 미국인 선생에게 배우는 것도 좋은 방법이다. 그런데 그렇게 해서 얻을 수 있는 것이 고작 햄버거와 피자, 콜라라면 다시 생각해보는 게 좋다. 자녀를 혹은 자신을 머리가 비고 살만 피둥피둥 찐 버릇없는 돼지로 만들고 싶지 않으면 말이다. 미국생활이 어떤지 알고 싶다면 에니메이션 〈심슨네 가족들〉을 보라고 권하고 싶다. TV 앞에 있는 의자에 앉아 튀어나온 배를 감싸 안고 뭔가를 먹으며 말도 안 되는 말을 하는 호머의 모습은 남의 모습이 아닌 21세기를 살아가는 보통 미국인의 모습이다.

027

교사 확보 전쟁

서양에도 review center라는 보습학원이 있고 독일학교의 게시판에는 과외모집을 하는 Nachhilfe라고 쓴 쪽지도 붙어 있다. 세계 어느 누구나 자기 자식이 남보다 더 공부를 잘해 좋은 미래를 보장받기를 원하는 것이다. review center는 학교수업을 따라가지 못하는 학생에게 복습을 통해 수업의 이해를 도와주는 곳이다. 독일어의 Nachhilfe도 수업이 끝나면 도와준다는 말이다.

미국이나 영국에서 과외시장은 인도인 교사들이 장악하고 있다. 싼 임금에 뛰어난 영어실력 때문이다. 영어의 본고장이던 미국과 영국이 이제 인도인 과외선생님을 수입하고 있다.

불어의 경우도 식민지 출신 선생님들의 위력은 대단하다. 얼마 전 프랑스에서 제작한 북한 관련 다큐멘터리를 보니 평양외국어대학 불어담당교수가 알제리인이었다. 프랑스의 식민지배를 받으며 치열한 독립전쟁을 벌인 알제리에서는 불어가 아랍어와 함께 공용어로 쓰이는데, 프랑스 언어학자들이 알제리를 방문해 알제리인들이 일상적으로 사용하는 말을 통해 불어의 문법체계를 공부할 정도로 정확한 불어를 구사한다. 한 예로 '나는 ~이 아니다' 라고 말할 때 프랑스에서는 문법 대로 Je ne suis pas라고 하지 않고 자주 ne를 생략하는데 알제리에서는 이를 정확하게 지킨다. 오랜 프랑스의 지배를 받으며 흡수한 불어를 본고장보다 정확하게 구사하는 것이다. 이미 아프리카 불어는 노벨문학상까지 배출했는데 세네갈 초대 대통령을 지낸 시인 레오폴드 셍고르가 대표적인 예다.

식민지 언어로 출세를 한 사람은 여럿 있는데, 가나 출신인 코피 아난 유엔사무총장과 교황후보로 거론된 바 있는 나이지리아 출신의 프란시스 아린제 추기경의 영어는 아름다운 어법과 문학성이 뛰어난 문장으로 유명하다.

구식민지인들은 영어나 불어 같은 과거 식민지배자들의 언어를 버리지 않고 더욱 순수하고 아름답게 가꾸었다. 또 그 언어를 통해 자신들의 문화와 삶을 뛰어난 문학작품으로 승화시켰다.

물론 모든 구식민지에서 이렇게 서양언어를 잘 하는 것은 아니다. 베트남은 프랑스의 지배를 받았지만 독립할 당시 불어를 자유자재로 구사하는 사람은 20퍼센트도 채 되지 않았다. 우리나라도 마찬가지다. 한국에 친밀한 감정을 가진 일본인들은 "우리가 조선에 의무교육을 실시해 일본어도 보급시키고 기술도 가르치지 않았느냐"고 말할 때가 있는데, 이거 뭘 모르고 하는 소리다. 우리나라도 일제식민기가 끝날 당시의 통계를 보니 일본어를 자유롭게 구사하는 사람이 고작 15퍼센트 정도였다. 학교교육을 받아야 언어도 구사할 수 있는데 베트남을 지배한 프랑스인이나 한국에 있던 일본인들은 교육보다는 착취에 눈이 멀어 있었다.

　요즘 식민지 출신이 두각을 나타내는 곳은 바로 언어교사 시장이다. 만성적으로 교사 부족에 시달리는 영국에서는 촌놈발음을 한다고 놀리던 아일랜드에서 영어 교사를 모셔오고 있다. 내가 아일랜드에 있을 때만 해도 해마다 많은 영문학이나 영어교육학과 출신들이 영국의 공립학교 교사로 초빙돼 갔다. 아일랜드는 감자, 위스키, 흑맥주뿐 아니라 많은 영문학 작품의 고향이고 이제는 영국의 교사 공급처이기도 하니 식민지 시절에 배운 영어로 이제 본전을 챙기고 있다.

　프랑스나 영국에서 구식민지 출신들을 고용하는 데는 임금이 싼 이유도 있겠지만 그들의 뛰어난 실력 때문이다. 그리고 자국 교사들의 일자리 마련보다는 양질의 교육을 더 우선시하기 때문이다. 외국에서 교사들이 유입되면 기존의 교사는 물론 예비교사들은 자신의 밥벌이를 위해 긴장할 수밖에 없고 외국인 교사들과의 경쟁에서 처지지 않기 위해 실력향상에 노력한다. 결국 교육의 질이 높아지는 것이다. 이미 여러 나라에서 좋은 실력을 갖춘 외국어 및 국어 교사를 확보하기 위해 전쟁에 뛰어들었다. 유럽에서 만난 여러 나라의 국어 교사들은 한결같이 한 개 이상의 외국어자격증을 가지고 있었다. 유럽의 경우 2중언어자격증제를 1950년대부터 실시했다.

　이제 학생들의 양질의 교육을 위해 실력 있는 교사를 찾는 데 발 벗고 나설 때다. 교사가 파란 눈의 서양인이면 어떻고 조선족동포

면 어떠랴. 우리 아이들의 미래가 달린 교육을 위해 국경도 피부색
도 그 어떤 구별도 없애야 한다.

 **피부색은 상관없다 실력이 우선이다**

윤종건 한국교총회장 회화 실력이 외국에 비해 떨어지는 것은 문법 중심
의 비실용 교육과 교사의 질 향상을 위한 양성 · 연수 프로그램이 미흡
하기 때문이다. 학급당 학생수를 대폭 줄이고 영어 교사들의 재교육을
단계적으로 실시해야 한다.

장혜옥 전교조위원장 현재 영어교육은 입시 중심으로 과열돼 있다. 과열
된 영어교육을 학교 안(공교육)으로 끌어들여야 한다. 연수과정을 거
쳐 전문화된 교사와 국가 정체성을 유지하는 교재를 통해 실용적인 교
육을 해야 한다. 일부 학교에서 하는 것처럼 중등교육부터 국어, 국사
를 제외한 모든 과목을 영어로 수업하는 것에는 반대한다. 영어는 어
디까지나 수단이다.

이경자 인간교육실현학부모연대 사무국장 원어민 수준에 버금가는 교사들이
필요하다. 교원 평가 때 영어 실력을 공개하고 부적격하면 퇴출까지
할 수 있는 강력한 조치를 마련해야 한다.

　영어마을에 대한 각계의 반응이다. 그런데 교사들은 새로운 교육
방식, 특히 외국인 교사들이 국내에 유입되는 것을 극히 꺼려하는

분위기이다. 다들 영어교육의 문제점을 기존 교사들의 재교육이나 연수를 통해 해결하자고 하는데 이는 현실성이 없는 말이다.

해마다 많은 돈을 들여 교사들의 재교육과 연수를 실시한다. 내가 있던 일본 우츠노미야에는 부산시교육청에서 파견한 한국인교사들이 포진해 있었다. 제2외국어 교사들을 중심으로 먼저 실시된 이 교사연수의 목적은 비인기과목으로 내몰린 독어나 불어 교사들에게 일본어를 연수시켜 그들을 인기 있는 일어나 중국어 교사로 전환시키려는 것이었다. 교사들의 전공과목을 전환시키는 것이 실용교육을 위한 방안이라는 말인가? 독어나 불어를 가르치던 교사가 단기간에 일본어를 배워 가르칠 수 있다는 말인가? 상식적으로 이해할 수 없는 상황이다. 어느 교원단체도 실력 없는 교사는 해임시키고 젊고 능력 있는 교사를 충원해야 한다고 하지 않는다. 한마디로 학생들을 볼모로 자신들의 밥통을 지키겠다는 심보다.

영어마을에 대해 교육부는 우려를 표시했는데, 마치 회사 내의 노조를 달래는 식으로 문제를 처리하는 것 같다. 교육부는 교사의 뒤치다꺼리를 하려고 존재하는 기관이 아니라 우리의 미래인 학생과 학부모의 요구를 수용하는 단체다. 뭔가 크게 착각을 하는 것 같다.

외국어교육의 문제를 해결하려면 실력 없는 교사는 퇴출시키고 필요하다면 외국인교사를 고용해야 한다. 이대로 가면 교사보다 영어를 잘 하는 학생이 반에서 절반이 넘을지도 모를 일이다. 외국인교사를 고용하면 국부가 유출된다는 헛소리를 하는 사람도 많다는

데, 외국 가서 돈 쓰는 것은 괜찮고 실력 있는 교사를 대려와 돈 주
는 건 안 된다는 말인가.

CHAPTER 6

말 못하는 시험은

이! 제! 가! 라!

외국어를 여러 개 구사하는 사람에게 외국어가 어려운지 물으면 누구나 "어려운지 쉬운지는 모르지만 외국어는 무척 재미있는 유희"라고 말할 것이다. 외국어 특히 다국어를 구사하는 사람들은 외국어를 공부의 대상이라고 여기지 않는다.

무엇을 배운다는 면에서는 여러 분야의 공부와 같지만 외국어는 야구나 테니스처럼 다른 사람과 함께 하는 운동이다. 물론 같이 운동하는 사람들은 외국 사람이나 외국어를 모국어처럼 구사하는 사람들이다. 이렇게 외국어를 운동처럼 익히는 데는 친화력이나 사교성, 그리고 다른 사람의 사고를 이해하려는 마음가짐이 필수다. 무슨 말이든 잘 듣고 관찰하고 이해할 줄 아는 사람은 확실히 외국어를 잘 한다.

그런데 언젠가부터 우리나라에서는 외국어가 시험성적을 위한 수단으로 전락했다. 물론 외국어 시험은 자신의 외국어 능력이 어느 정도 되는지 알아보기 위해 필요하긴 하지만, 요즘 우리가 목숨 거는 토익과 토플 등의 시험은 외국어 능력과는 전혀 상관없는 2년짜리 시험이기 때문에 전혀 효용가치가 없다.

예를 들어 국내에서 가장 널리 통용되는 영어인증시험인 토익은 이미 시험으로서의 효용성을 의심받고 있다. 요즘 만점자가 속출하는데, 이는 문제은행에서 문제를 뽑기 때문에 어느 정도 노하우가 있으면 문제만 들어도 무슨 질문이 나올지 미리 예측이 가능하기 때문이다.

　ETS라는 민간기관이 주관하는 토익은 객관식 문제유형을 채택했는데, 컴퓨터로 채점하면 효율도 높고 비용도 절감되기 때문이다. 문제를 주관식으로 출제하면 채점을 위한 고급 인력을 엄청나게 많이 고용해야 하기 때문에 수지가 맞지 않는다. 토익이 영어실력을 측정하는 수단으로 등장한 1990년대 초 한국을 제외한 다른 나라에서는 토익을 외면했다.

　이 시험들은 단기간에 암기해 문제를 풀 수 있는 수준으로 문제를 내면서 까다로운 뉘앙스 차이를 묻는 문제 등은 절대 피한다. 시험을 준비하는 학생들을 배려하는 마음은 고맙지만, 이런 식의 평가는 영어구사력과는 전혀 관계가 없다. 객관식 문제 유형은 1등부터 꼴찌까지 줄 세워 개인의 능력을 평가하는 한국 사람들의 입맛에 딱 맞춘 것이다. 결국 토익의 객관식 문제 유형은 비용을 최소화하면서 고객의 입맛에 맞춘 고도의 이윤추구 방식인 것이다.

　이번 장에서는 토익과 토플 같은 시험들의 문제점들을 지적하고 이와는 달리 외국어를 익히는 데 도움이 되는 시험들을 소개할 것이다. 그리고 내가 외국인과 외국어라는 운동을 함께한 경험을 소개하면서 외국인 친구 사귀기의 노하우를 알려줄 것이다. 외국인 친구를 사귀는 것은 좋지만 가려 사겨야 한다는 것을 명심해야 한다.

028
섬나라 촌놈 말이 판치는 세상

"별로 재밌지도 않은데 웃고 난리야?"

영어를 좀 한다는 사람도 영국이나 미국 코미디 프로를 볼 땐 영어 때문에 스트레스를 받기 일쑤다. 별로 우습지 않은데 외국인들은 배꼽이 빠져라 웃어대니 영어공부 헛했나 하는 생각이 들기도 하고 꼭 바보 된 듯한 느낌이 들기 때문이다. 웃음에는 문화권마다 독특한 코드가 숨어 있어 그 코드를 이해하지 못하면 말을 알아듣더라도 결코 웃음이 나지 않는다. 외부와 단절된 섬나라의 경우엔 그런 경향이 두드러진다. 섬나라의 경우 외래문화의 침투가 어렵지만, 한번 유입되면 자기화시켜 독특한 돌연변이를 만들어내는 경향이 있다. 이는 언어에서도 드러나는 현상이다.

섬나라 언어에는 음성학적으로 독특한 측면이 있다. 섬나라 영국의 언어이던 영어의 경우 모음 a, e, i, o, u는 다른 유럽언어와는 달리 대단히 애매모호한 음가를 가진다. 때에 따라서 여러 가지 소리가 나는 것이다. 물론 모음 뒤에 어떤 자음이 오느냐에 따라 소리가 달라지니 일정한 규칙이 있는 셈이지만, 대부분 유럽언어가 한 가지 소리만을 간직한 것에 비하면 복잡하기 그지없다. 자음도 라틴어가 가진 음가에서 많이 벗어난 것이 있다.

일본어에도 한국어나 다른 언어에서는 낼 수 없는 소리가 많다. 대표적인 것이 탁음인데, が, ぎ, ぐ, げ, ご나 ざ, じ, ず, ぜ, ぞ 같은 발음이 문장이나 단어 맨 앞에 오면 일본어와 가장 비슷하다는 한국어를 구사하는 사람도 발음하기가 쉽지 않다. 참고로 한국인의 귀에는 ざ와 じゃ가 똑같은 소리로 들리는데, 이는 우리말에 이런 발음이 없기 때문이다. 이 발음은 자음도 모음도 아닌 것이 애매함 그 자체다.

섬나라의 언어는 읽기도 어렵다. 영어는 발음 나는 대로 철자를 쓰지 않는 경우가 많고 일어도 한자를 읽는 방법이 까다롭다.

그런데 이런 융통성도 없고 세계화와는 거리가 먼 섬나라의 언어가 세상을 장악했다는 건 불행이 아닐 수 없다. 영어는 이미 100여 년 전부터 세계의 상업 및 비즈니스 언어로 정착했다. 대영제국의 시대는 끝났지만, 미국이라는 사촌이 설치는 통에 영어의 지위는 더욱 강해졌다. 일어도 아시아권역에서는 이미 상당한 지위에 올랐다. 요즘에는 중국어의 맹렬한 추격을 받기는 하지만, 일단 아시아에서 활동하려면 어느 정도 일어는 해둘 필요가 있다.

이런 까다로운 촌구석 말을 정복하는 방법 중 하나가 농담이나 격언을 익히는 것이다. 속담과 격언은 독특한 문화적 흐름을 담고 있기 때문이다.

영국 작가들이 남긴 명언집에는 은근한 미소가 번지게 하는 고급
스러운 농담이 많다. 그중 오스카 와일드는 엄격한 윤리의식을 강
조하던 빅토리아왕조 당시 최절정에 달한 대영제국의 힘과 건전한
사회윤리 이면의 어두운 곳에서 벌어지는 일탈행위를 잘 묘사했다.
자기 스스로 동성애를 하다 풍기문란죄로 체포된 경력이 있는 와일
드는 시대를 거스르는 여러 가지 명언을 남겼다. 'Patriotism is a
virtue of the vicious(애국심이란 사악한 자들의 미덕이다)'. 무조건적
인 애국심을 강조하며 핍박을 가하던 19세기 말 영국사회를 비꼰
말이다. 요즘 우리사회에 딱 맞아떨어지는 명언이다.

일본은 우리보다 불교의 영향력이 강한 나라다 보니 같은 속담도
우리보다 불교적인 색채가 진하다. 작심삼일(作心三日)을 일본에서
는 삼일승(三日僧)이라고 한다. 불가에 귀의하기로 마음먹고 출가
해 고작 삼일 만에 절에서 도망치는 중을 비웃는 말이다.

 **외국어를 익힐 땐 이런 책이 좋다**

여러 언어를 배우다 보면 혼동이 되지 않느냐는 말을 자주 듣는다.
내 경우 영어, 독어, 에스파냐어, 일본어, 이탈리아어를 동시에 배운
건 아니다. 영어는 중고등하교를 거치면서 마르고 닳토록 했고 독
어는 고등학교에서 기초를 배웠고 에스파냐어는 전혀 모르는 상태
에서 대학에 들어와 처음 접하게 됐다. 일어와 이탈리아어는 이후

에 배웠다. 그러고 보니 3개 국어를 동시에 한 샘이긴 하다. 하지만 이 세 언어를 익힐 때도 헷갈리거나 어려운 부분은 없었다.

이 언어들이 같은 어족이었다면 헷갈렸을지도 모른다. 하지만 유럽언어 특히 라틴계나 게르만계 언어는 각 어족에 속하는 언어 간 차이가 우리말과 일어보다도 훨씬 적기는 해도 다른 어족에 속하는 만큼 발음이나 문법에서는 큰 차이를 보인다. 제대로 익히지 않아서 그렇지 헷갈릴 일이 없다.

여러 언어를 익힐 때 여러 언어로 출간되는 잡지나 책은 큰 도움이 되는데, 같은 내용을 가지고 언어별로 비교해서 볼 수 있기 때문이다. 대학 1학년 때 처음 접한 다국어 잡지는 리더스 다이제스트였는데 에스파냐어, 영어, 독어 본을 두고 씨름을 한 기억이 난다. 이 잡지는 너무 번역체 티가 나서 마음에 들진 않았지만 가격이 저렴해 좋았다.

일본만화도 나쁘지는 않았다. 일단 일본에서 신간이 나오면 국내에서 불법 번역본이 바로 돌았는데, 번역본의 잘못된 해석을 찾는 재미가 쏠쏠했다.

독일 시사주간지 슈피겔은 좌파지이지만 문학이나 예술분야에서 뛰어난 분석력을 보여준다. 대부분의 좌파언론은 쉬운 문장을 구사하지만, 상당히 현학적인 표현도 많다. 주요 지지층이 노동자와 좌파 지식인이기 때문이다. 디 차이트 역시 일간지 치고는 분석기사가 많다.

그런데 신문기사는 별로 도움이 되지 않는다. 최소의 교육만 받은 사람도 한번 보면 알 수 있게 배려한 것이 신문기사다. 또 일간지는 마감시간에 쫓기다 보니 심층기사가 잘 나오지 않는다. 주간이나 월간이 좋다. 다만 아사히신문의 명칼럼인 〈천성인어(天声人語)〉는 명작이다. 이 칼럼을 쓰는 칼럼리스트들은 시대를 그대로 반영하는 글을 써 천인자(天人子)로 불린다. 아사히신문 영자지에는 이 칼럼 제목이 vox populi vox dei라고 번역돼 나오는데, 아주 적절한 라틴어번역이다. '하늘의 목소리, 사람의 이야기' 라는 이 칼럼은 제2차 세계대전에서 일본이 패망한 직후 '패전' 이라는 제목으로 첫 회가 시작돼 매일 일본근대사를 조명하는 거울이 됐다.

우리말은 글로 쓰는 문어체와 말로 이야기하는 구어체의 차이가 거의 없어졌지만 서양어는 물론 일어에도 구어체와 문어체의 차이는 아직 엄격하게 살아 있는 것 같다. 그런데 최근에는 서양에서도 인터넷채팅 등을 통해 이런 차이가 무너지고 있고 일부에서는 젊은 이들이 쓰는 말에 단문이 많아져 긴 문장을 쓸 수 없다는 우려섞인 목소리마저 나오고 있다. SMS문자서비스나 채팅을 통해 이야기하면 구어체가 현지에서 어떻게 쓰이는지를 배울 수 있지만 그 언어 각각의 고유한 미가 떨어진다는 지적이다. 이런 단점을 보완하기 위해 읽은 책이 지난해 일본 최고의 베스트셀러가 된 소설 〈전차남(電車男)〉인데 적당한 유머가 섞인 재미있는 책이었다. 일생동안 연애다운 연애를 해보지 못한 소심남을 응원하며 연애방법을 전수하는 네티즌들의 주인공에 대한 안타까움과 답답함을 표현하고 있다. 이 책을 통해 살아 있는 어학교재가 반드시 방송이나 영화만이 아니라 책도 될 수 있다는 사실을 알게 했다.

불어를 공부하는 지금은 르몽드가 발행하는 르몽드 디플로마티크라는 월간지를 보는데, 이 잡지는 영어, 독어 등 10여 개 언어로 번역돼 나온다. 불어로 쓰인 표현을 영어나 독어에서 어떻게 표현하는지 대조할 수 있어 좋긴 하지만, 자세히 보면 너무 불어색이 진한 영어를 사용한다. 얼마 전 한국을 방문한 이 잡지의 편집장 이그나시오 라모네가 하는 말을 들으니 왜 외국어판이 그 모양인지 나름의 사정을 알았다. 이 잡지는 광고수입에 의존하지 않다 보니 자금사정이 여의치 않아 10여 명의 편집국 직원으로 여러 외국어판까지 발행하기 때문이다.

국내에서 발행되는 영자지는 되도록 권하고 싶지 않다. 차라리 야후 등에 공급되는 AP나 로이터 같은 통신사의 기사를 보는 편이 좋다.

유명소설 가운데 외국어로도 글을 쓰는 저자의 작품을 읽는 것도 좋다. 한두 권만 골라 1년 정도 계획을 잡고 읽어도 많은 도움이 된다. 내게 가장 도움을 준 책은 멕시코 작가 카를로스 푸엔테스가 지은 〈묻힌 거울(우리나라에서는 〈라틴아메리카의 역사〉로 번역되었다)〉이라는 책이다. 원제는 〈el espejo enterrado〉이었는데, 소설가다운 재미있는 필체로 남미와 에스파냐의 역사를 기술한 책이다. 나는 이 책을 영어, 에스파냐어, 일어, 독어 본으로 읽어봤는데 많은 도움을 받았다. 푸엔테스는 영어, 불어, 독어가 가능한데, 영어번역은 자신이 직접 했고, 나머지 외국어번역에도 적극 참가했다. 작가 자신의 의도가 번역본에도 그대로 들어 있는 수작이다.

이어령의 〈축소지향의 일본인(縮み志向の日本人)〉을 우리말과 일어로 읽었을 때도 많은 도움을 받았다. 이어령도 자신의 책을 직접 일어로 번역했다. 이렇게 저자가 모국어로 지은 책과 저자가 직접 다른 나라 언어로 옮긴 번역서를 비교해서 보면 언어의 특성을 알 수 있고 언어혼동도 막을 수 있다. 같은 말을 각기 다른 언어로 표현하는 데는 나름대로의 방법이 있다. 이런 방법을 터득하는 데는 원저자가 번역한 외국어 서적이 가장 큰 도움을 준다.

029

말 못하는 시험, 이제 떠나라

여러 외국어를 익힐 때 적당한 시기에 시험을 치러보는 게 좋다. 시험을 준비하는 과정에서 그 언어 특유의 특징을 몸에 익힐 수 있고 무엇보다 까다로운 문제를 풀면서 다른 언어와의 차별성을 몸으로 느낄 수 있기 때문이다. 그런데 국토 면적이 큰 나라에서 실시하는 시험에는 한결같이 문제가 있다.

몇 년 전 중국대사관에서 주최하는 중국문화원 개관행사가 있어 간 적이 있다. 날로 중요성을 더해가는 중국의 영향력을 감안할 때 중국문화원설립은 분명히 좋은 취재거리였다. 당시 최고의 인기를 구가하던 장나라가 중국친선대사여서 연예부 기자들까지 와 장사진을 이뤘다. 행사 도중 기자회견이 있었고 장나라는 애써 외워온 중국어로 인사말을 해 분위기를 고조시켰다. 나는 베이징특파원을 지낸 상사가 중국대사관과 친밀한 관계였기 때문에 앞자리를 배석되었다.

회견장에서 이빈 당시 중국대사에게 중국어인증시험인 HSK에 대해 질문하자 화기애애하던 분위기가 갑자기 얼어붙었고 대사는 "문화원은 HSK에 대한 업무는 하지 않는다"고 짧게 대답했다. HSK

는 중국국가한어수평고시위원회가 실시하며 문화원은 전혀 시험에 관계하지 않는다고 한다. HSK는 그 동안 많은 문제를 야기했는데, 중국 본토에서 출제됐던 문제가 한국에서 실시하는 시험에서 그대로 출제된 적도 있었다. 그동안 중국정부는 그런 문제에 대해 나 몰라라 했는데, 문화원이 생겨도 해결이 안 되는 것이다.

한편 국내에서 가장 널리 통용되는 영어인증시험인 TOEIC은 이미 시험으로서의 효용성을 의심받고 있다. 요즘 만점자가 속출하는데, 이는 문제은행에서 문제를 뽑기 때문에 어느 정도 노하우가 있으면 문제만 들어도 무슨 질문이 나올지 미리 예측이 가능하기 때문이다.

ETS라는 민간기관이 주관하는 토익은 객관식 문제유형을 채택했다. 컴퓨터로 채점하면 효율도 높고 비용도 절감되기 때문이다. 문제를 주관식으로 출제하면 채점을 위한 고급 인력을 엄청나게 많이 고용해야 하기 때문에 수지가 맞지 않는다. 토익이 영어실력을 측정하는 수단으로 등장한 1990년대 초 한국을 제외한 다른 나라에서는 토익을 외면했다.

이 시험은 단기간에 암기해 문제를 풀 수 있는 수준으로 문제를 내면서 까다로운 뉘앙스 차이를 묻는 문제 등은 절대 피한다. 시험을 준비하는 학생들을 배려하는 마음은 고맙지만, 이런 식의 평가는 영어구사력과는 전혀 관계가 없다. 객관식 문제 유형은 1등부터 꼴찌까지 줄 세워 개인의 능력을 평가하는 한국 사람들의 입맛에

E·T·S
Toilet
Of
English
In
Corea

딱 맞춘 것이다. 결국 토익의 객관식 문제 유형은 비용을 최소화하면서 고객의 입맛에 맞춘 고도의 이윤추구 방식인 것이다.

'토익은 변별력이 없다' 는 문제가 제기되자 ETS측은 부랴부랴 말하기 시험을 추가하려는 모양이다. 그런데 이 말하기 능력평가도 그다지 변별력이 있다고는 보이지 않는다. 말하기 평가는 사진이나 영상을 보여준 뒤 학생들이 그 장면을 얼마나 제대로 묘사하는지를 원어민이 채점하는 방식이다. 그런데 그 장면이 엄마가 아기를 업고 가는 장면 등 일상에서 흔히 볼 수 있는 것들이다. 말하기 평가가 아니라 초등학교 아이들이 학교에 들어가면 배우는 표현력 기르기 시험문제 수준인데 아무리 영어가 모국어가 아니라고 해도 이미 다 큰 성인들에게 이런 것을 따라하라니 우습기만 하다. 논리력, 사고력을 평가하는 논술도 모범답안을 만들어내는 한국에서 그 정도 수준의 평가에 대한 예상문제와 모범답안 만들기는 누워서 떡먹기다. 결국 이것도 외워서 치르는 시험이 될 게 뻔하니 하등 도움이 되지 않는다.

그리고 회화란 상대가 하는 이야기를 듣고 적절하게 답하는 것이 관건이지 그림에 나오는 장면을 일방적으로 설명하는 게 아니다. 말이란 주고받는 것이다. 그런데 이런 점을 다 무시하고 그저 더듬거리는 발음으로 '길에 차가 서 있는데 어쩌고……' 하는 식의 설명만 강요하는 것은 한국인 보고 회화를 하지 말라는 의미다. 장삿속이 보여도 너무 노골적으로 보인다. ETS가 '우리도 남는 장사를 해야 하지 않냐? 고 항변한다면 할 말이 없지만, 막대한 돈을 지불하며 이런 쓸모없는 시험에 시간을 허비할 필요가 있는지 의문스럽다.

HSK나 토익의 최대 소비자는 한국이다. 이 시험을 주관하는 기관들에게 한국은 황금알을 낳는 거위인 셈이다. 이들 기관이 발행하는 어학인증 성적표는 2년마다 연장해야 한다. 매 2년마다 다시 돈 벌 기회가 생기는 것이다. 이런 엉터리 시험이 다름 아닌 세계를 주무르는 두 강대국 미국과 중국에서 탄생한 것이라니. 중국 x에 속지 말고 미국 x에 뺨맞지 말자는 생각이 든다. 명심하자. 이들 시험을 주관하는 기관들은 한국 학생들의 어학실력이 느는 것을 바라지 않는다. 실력이 늘면 누가 다시 시험을 보겠는가?

 **토익과 토플의 말하기와 듣기평가는 2%가 부족하다**

언어에서 가장 중요한 것은 말하기와 듣기인데, 토익과 토플은 이 말하기와 듣기평가가 시험형태가 어떻게 바뀌건 컴퓨터채점이 계속 되는 한 2% 부족하다.

토익의 듣기평가는 대부분 한 사람이 일방적으로 전달하는 정보나 두 사람 사이의 대화내용을 듣고 그 내용에 적합하거나 적합하지 않은 것을 보기에서 선택하는 식이다. 결국 말 못하는 외국인은 입 닥치고 네이티브스피커가 하는 말이나 잘 들으라는 이야기인데, 이런 멍청한 상황은 일상생활에서는 전혀 발생하지 않는다.

토익에 등장하는 대화는 거의 대부분 신변잡기적인 것이 많다. 특히 대화가 벌어지는 장소와 대화내용이 어느 정도 상통하는 것이 많은데, 예를 들면 식당에서 음식을 주문할 때의 대화라면 "내 여자친구는 이 식당의 무슨 음식이 맛있다고 하는데 나는 다른 음식이 맛있더라", "음식물 재료 중 어떤 것에 알레르기가 있으니 빼고 요리해 달라" 같은 내용이다. 이런 말은 식당 종업원이 아닌 다음에야 알아들으려고 노력할 필요도 없다. 내가 그런 상황에 처할 때를 대비해 그렇게 말을 해야 하는 것이다. 이런 상황은 듣기가 아니라 차라리 말하기 평가에 어울리는 것이다. 그리고 음식 이야기가 나오면 십중팔구 식당에서의 대화일 게 뻔한데, 대화가 오가는 장소가 어디인지 맞히라는 식의 문제를 내니 한심하기 그지없다.

가장 큰 문제는 모든 대화가 조건이나 장소, 시간, 주제 같은 것이 설정이 돼 있고 대화 중 일어날 수 있는 오해나 해프닝이 전혀 없이 매끄럽게 이야기가 흘러간다는 것이다. 외국어를 배우는 가장 큰 목적 중 하나는 외국인 파트너와 오해나 문제가 생겼을 때 혹은 돌발 상황에 처했을 때 그런 문제들을 상황에 따라 원만히 해결하기 위한 것이다. 그렇다면 적어도 돌발 상황이 생겼을 때 어떻게 대처할 것이지를 묻는 창의적인 문제가 나와야 하는데, 기껏 대화를 듣고 대화가 진행되는 상황이 무엇이고 장소가 어디인지를 맞히라는 식의 문제는 어학시험이 아니다.

토익보다 조금 수준이 높다고 알려진 토플도 사정은 마찬가지다.

토플은 미국에 유학을 가려는 사람이라면 누구나 거치야 하는 시험이다. 그런데 토플도 미국의 대학이나 대학원에 진학하려는 사람들이 영어로 진행되는 수업을 따라갈 능력이 되는지를 묻기에는 뭔가 부족한 면이 있다.

토플 듣기 평가의 지문이 조금 긴 것은 대학 강의내용을 이해할 수 있는지를 묻기 위해서라는데, 그 지문은 천천히 읽는다고 하더라도 몇 분이 채 걸리지 않는다. 대학 강의는 짧으면 1시간 길면 서너 시간이고, 강의가 너무 길어 아예 도시락을 까먹으면서 듣는 경우도 많다. 이런 장시간의 강의를 잘 들을 수 있는지를 겨우 읽는데 5분도 걸리지 않는 짧은 지문 듣기로는 평가할 수 없다.

이번에 새로 실시될 IBT토플은 문법을 없애고 대신 전혀 개선된 것 없는 말하기를 집어넣는다고 한다. 토플시험 관련자들은 "아시아 학생들은 문법실력이 좋아 높은 점수를 내니 문법은 더 이상 변별력이 없어서 생략했다"고 밝히고 있다. 이런 엉뚱한 해석은 아시아권 교육의 가장 중심에 있는 입시시험이라는 것을 전혀 이해하지 못하기 때문에 나온 발상이다. 문법시험을 아무리 어렵게 내더라도 우리나라나 일본, 중국 학생들은 이 시험문제가 주관식이 아닌 객관식인 이상 쉽게 맞힐 수 있다. 그러나 일단 하얀 백지에 자기 의견을 써보라면 모국어로도 힘들어 한다. 우리말로 뭔가를 써서 창의성을 발휘할 수 있도록 하는 기회가 우리 입시제도에는 없기 때문이다. 토플 역시 1번부터 4번까지의 보기 중에서 정답을 골라내는 객관식이니 애써 낸 문법문제가 변별력이 없었던 것이다.

원래 토플의 문법문제는 스스로 문장을 만들고 말할 수 있는 단계에서 문장을 보다 정확하게 구성하는 습관을 들이기 위해 나온 것이다. 예를 들어 영어를 상당히 잘하는 유럽학생들도 ' ~에 대한 편견'을 영어로 옮기라면 prejudice against something인지 prejudice on something인지 항상 혼동한다. 그러나 그들이 이 문제를 풀지 못한다고 회화를 못하는 건 아니다. 오히려 아시아식 영어교육을 받은 사람들 중에는 이와 비슷한 문제유형을 달달 외워 문제는 잘 풀지만 문장은 전혀 만들지 못하는 외국어기형아가 많다.

내가 보기에 토플이나 토익이 아시아인들에게 실격점수를 받은 이유는 시험분야를 문법, 독해, 듣기, 말하기 등으로 나눴기 때문이다. 말하기시험이나 듣기시험을 정확한 문법이나 어휘를 모르면 풀 수 없게 만들면 문법, 어휘, 듣기, 말하기를 한 번에 익히게 하는 일석사조(一石四鳥)의 효과를 거둘 수 있지 않을까? 영어와 문법, 발음, 어휘 등 언어 체계가 전혀 다른 아시아에서는 문법을 물으면서 회화능력을 평가하고 듣기를 테스트하면서 작문을 하게 만드는 속칭 아시아 맞춤형 시험을 만들어야 한다.

이런 시험을 만들기 위해서는 자신의 견해를 표현하는 문형이 담긴 예문을 개발해야 한다. 예를 들어 빌 클린턴대통령의 '지퍼게이트' 사건의 전말을 인터넷에 올려 클린턴을 일약 포르노소설의 주인공으로 만든 특별검사 케네스 스타의 이야기를 소개하면서 과연 개인의 사생활을 일반에 노출한 것이 옳은 일인지를 묻는 문제를 낸다고 치자. 그런 다음 "He shouldn't have done it(그렇게 하지 말았어야 했다)", "He has gone overboard(너무 지나쳤다)" 등의 여러 가지 문장을 활용해 문제에 접근하게 하는 것이다. 그러면 앞에서 말한 과거의 행동에 대한 후회가 담긴 should not have와 to go overboard의 뜻과 쓰임을 모르면 문제를 풀 수 없게 되는 것이다. 현행 토플이나 토익대로라면 우리같이 영어가 모국어가 아닌 사람들은 그저 주어진 상황에서 주어진 말만 되풀이할 뿐이다. 과거에 대한 후회, 미래에 대한 기대 같은 감정은 표현할 수도 전달할 수도 없다. 한마디로 죽은 언어의 무덤 속에서 눈만 껌뻑이는 산송장이 되는 것이다.

이제 우리의 사회는 맥가이버처럼 주변에 널린 재료로 새로운 것을 창조하는 두뇌를 필요로 한다. 주어진 상황에서 정답만을 요구하는 토플이나 토익이 영어실력의 기준이 되는 시대는 지났다.

정말 볼만한 시험

시험에도 볼만한 시험이 있고 그렇지 못한 시험이 있다. 일단 무슨 인증고사이든 장삿속이 들어가면 시험으로서 기능은 끝난다. 앞에 서 HSK와 ETS가 실시하는 시험의 나쁜 예를 소개한 만큼 이번에는 준비하면 할수록 실력과 직결이 되는 좋은 시험의 예를 들고자 한다.

　미국과 중국을 제외한 대부분의 외국문화원들은 어학강좌는 물 론 어학인증시험을 직접 실시하고 시험접수부터 성적표교부까지를 총괄한다. 독어인증고사인 DSH나 TestDaf는 비즈니스, 유학 등 여 러 분야에서 필요한 독어능력을 세분해서 시험을 치르는데 그 내용 이 감탄할 만하다. 최고단계에 오르면 미묘한 뉘앙스의 비교는 물 론 긴 작문까지 해야 한다. 또 원어민과의 면접을 통해 회화능력을 검증받는데 질문이 그다지 쉽지 않다. ETS의 새로운 토플이 요구하 는 회화능력 수준이 '밥 먹었니?' 정도라면 이 시험은 사회과학에 서 시사까지 다양한 분야에 걸쳐 질문을 해 각 분야에 대한 지식까 지도 평가한다.

　프랑스문화원에서 실시하는 불어인증시험인 Delf도 독어와 유사 한 모습을 보인다. 나는 이 시험을 한 번도 치른 적이 없지만 최고단계 자격증을 가진 친구 말이 프랑스인과의 회화에서 나온 주제가 영어권에 대항해 프랑스정부가 주도하는 전 세계 프랑스어권 연대에 대한 질문이었다고 한다. 밀려오는 미국문화와 영국문화에 잘 저항할 수 있을지 개인의 생각을 묻는 상당히 까다로운 문제였다고 한다.

에스파냐어인증시험인 Dele도 쉽지 않다. 내가 유학을 준비하면서 시험을 치를 때 작문에서 세계화의 장점과 단점을 시험지 3장에 적으라고 해서 진땀을 뺐다. 영어시험이지만 영국문화원에서 실시하는 IELTS는 ETS의 성의 없는 시험과는 달리 심층적이기 때문에 시험 한 번만 쳐도 영어실력이 는다.

이런 시험들의 장점이라면 사람이 하는 말을 사람이 듣고 평가한다는 점이다. 인간이 항상 논리적이고 정확한 말을 하는 것은 아니다. 감정이란 것이 있어 표현에 과장이 있을 수도 있고 같은 이야기를 돌려 말할 수도 있다. 그리고 자기감정을 효과적으로 표현하는 어휘를 선택하는 창의력도 있다. 이것은 컴퓨터가 도저히 평가할 수 없는 인간 고유의 특성이다. 그래서 이 시험들은 정해진 정답보다는 실제로 우리에게 요구되는 능력을 평가하는 것이다. 혹자는 사람이 심사를 하다보면 실수도 할 수 있고 공정한 평가가 이뤄지지 않을지 모른다고 걱정할 수도 있는데 이는 지나친 기우다. 한 사람이 평가하는 것이 아니라 여러 사람이 교차평가하기 때문이다.

이 시험들은 외국어를 얼마나 정확히 구사하느냐 보다는 어학능력이 어느 수준에 도달했는지를 더 중요시한다. 그렇기 때문에 문제를 맞히기 위한 사상누각 같은 어학이 아니라 실제로 사용할 언어를 익히게 한다. 외국어는 제대로 익히지 않으면 잊기 마련인데, 점수를 따기 위해 어학을 했던 사람들은 다시 시작할 때 쉽게 회복되지 않지만, 실제로 사용하는 언어능력을 쌓았던 사람은 말을 잊더라도 언어능력을 금방 회복될 수 있다. 주로 유럽국가의 언어시험에서 높은 점수를 받은 사람들은 이런 수준에 도달한 달인들이다. 이런 시험들은 점수를 따지지 않고 등급을 나누는 것이 특징인데, 1급 수준이면 어느 정도로 외국어를 구사하는 능력을 말하느냐하면, 복잡한 사안을 자유자재로 이야기함은 물론 현지인이 말하는 뉘앙스의 차이를 무리 없이 알아듣는 수준이다. 점수를 따기 위한 시험을 치르듯 벼락치기로 공부해서는 도저히 이런 등급에 오를 수 없다. 잊어버린 언어의 회복 능력도 평가하는 시험들이기 때문에 성적도 한 번 제대로 받으면 갱신 없이 평생 유효하다. 토익처럼 성적을 2년마다 갱신해야 하는 시험은 2년이 지나면 언어능력이 떨어진다는 것을 전제로 하기 때문에 토익을 공부하는 것은 2년짜리 언어능력을 위해 생고생하는 꼴이다. 토익은 2년의 기억력을 가진 사람들을 위한 시험인 것이다.

공기관이 주관하는 앞의 시험들과는 달리 일어의 경우는 일본 문부성이 실시하는 능력시험보다는 JPT인증고사가 더 낫다. 일본 문

아니요. 놀랍게도
알파벳 하나
남아 있지 않습니다.
뭔가 찾았나?
6052848 2
2년 만기
초과

부성이 실시하는 능력시험은 한자나 동양언어를 전혀 모르는 외국인들이 모두 함께 치르는 시험이다. 그러다 보니 한국인 입장에서는 이미 다 아는 문제가 너무 많다. 일선 학원에서는 1년에 한 번 실시하는 이 시험을 몇 달 앞두고 속성반을 둘 정도이니 단기간에 암기력으로 승부를 하면 그만이다. 그리고 이 시험 1급에 합격하고도 회화나 작문을 하지 못하는 사람이 많다.

이에 비해 JPT는 그야말로 한국인을 위한 맞춤 시험이다. 한국 외의 다른 나라에서는 실시하지도 않고 한국어와 일어가 비슷하다는 선입견을 가지고 접근하는 사람들을 위해 보다 일본어다운 일본어 표현을 익히게 한다. 우리말의 '앉다'는 쪼그려 앉다, 엉덩이를 걸치다, 기대고 앉다 등 여러 가지 표현이 가능한데, 일본어에서도 그런 다양한 표현을 익히도록 요구하는 아주 까다로운 구석이 있다.

지금 일본열도에서는 1945년 소련군의 포로가 돼 실종 처리된 한 일본군포로가 살아 돌아와 연일 매스컴을 달구고 있다. 올해 83세인 우에노 이시노스쿠(上野石之助)는 스무 살 때 소련에 포로로 잡힌 뒤 1958년을 끝으로 소식이 끊어져 행방불명 처리되었는데, 아마도 1958년 마지막 일본군포로들이 귀환할 당시 귀국선에 오르지

못했던 것으로 보인다. 그는 일어를 거의 잊어버려 간단한 인사를 제외하고는 러시아어로 이야기했다.

자신이 왜 연락을 못했는지 그 동안 무슨 일이 있었는지에 대해서는 굳게 입을 다문 우에노는 다만 "아내가 우크라이나 출신이라 지금 우크라이나에서 아들 세 명과 살고 있다"고만 말했다. 이 노인이 이와테현의 고향에 가서 살아 있는 남동생과 여동생을 만났을 때 말을 걸지 못해 안타까워하면서 눈물을 흘렸다.

이런 경우는 전에도 본 일이 있다. 8·15 광복 전에 한국 남성과 결혼한 뒤 우리나라에 눌러 살고 있는 일본 여성들의 모임인 부용회(芙蓉會)에 취재를 갔는데, 시골에 살고 있는 회원 가운데는 일본어를 잊어버린 사람도 있었다. 좁은 동네에서 자신이 일본인이라는 것을 애써 소문낼 필요가 없다 보니 일본말을 쓰지 않았고 이제는 완전히 잊어버렸다는 것이다. 당시의 험악했던 분위기와 아직 정리되지 못한 반일감정으로 미뤄 볼 때 충분히 가능한 일이다. 앞의 두 예에서 볼 때 성인이 된 뒤 모국어를 잊어버릴 수 있고 역으로 성인이 되어 외국어를 익혀도 외국어를 모국어처럼 구사할 수 있다.

그런데 모국어를 잊는 것은 외국어를 어설프게 배운 뒤 오랫동안 쓰지 않아 잊어버리는 것과는 조금 다르다. 모국어를 성인이 되고 나서 잊은 경우는 말을 하거나 글을 쓸 수는 없지만 듣는 것은 가능하다. 다 알아 들으면서도 적절한 모국어 표현이 떠오르지 않아 고생을 하는 것이기 때문에 몇 달만 모국어로 이야기하면 금방 회복

이 가능하다. 언어는 자전거 타기나 수영과 같아서 듣기와 말하기
에 지장이 전혀 없는 수준에 도달하기만 하면 언어를 잊더라도 언
제든 언어를 다시 갈고 닦을 수 있다.

031
까다로운 친구, 고마운 친구

어학에 관심이 있는 사람은 자기가 알고 있는 어학상식이 맞는지를 물어볼 외국인 친구 하나쯤 있는 게 좋다. 하지만 아무나 사귄다고 다 도움이 되는 건 아니다. 군에 있을 때 우리 부대 공급병들이 한결같이 하는 말이 "도대체 백인이 이야기하는 말이 들리지 않고 흑인 말은 너무 잘 들린다"였다. 같은 영어지만 백인과 흑인들의 말투가 조금 다르다. 발성구조 자체에서 차이가 나기 때문이다. 엘비스 프레슬리는 남부 테네시주에서 성장하면서 익힌 흑인 특유의 끈적끈적한 발음으로 노래를 불러 큰 인기를 모으기도 했다. 백인이지만 흑인의 아름답고 감미로운 목소리로 팬들을 매료시켰다.

　흑인 영어에는 그다지 큰 문제는 없지만 문법 특히 단수와 복수의 구별이 없어지는 경향이 있다. 또 문장 안에 부정어인 not이 두 번 들어가면 이는 강하게 긍정해주는 것인데도 흑인들은 강한 부정으로 처리한다. 예를 들어 I haven't got no pencil이라고 하면 나는 연필이 없다가 된다. 물론 이렇게 얌전히 말하는 사람은 없다. 반드시 magic word인 fuck과 shit을 섞어 쓰는 것이 오늘날 미국영어 전반의 현주소다.

이렇게 부정어인 not이나 no를 한 문장에 두 번 쓰게 되면 오늘날 미국영어에서는 강한 부정을 의미하게 되는 현상은 이제 흑인뿐 아니라 백인들에게까지 나타나는데 특히 남부에서 심하다. 아마도 이런 형태의 문법이 등장한 데는 미국남부와 국경을 마주하고 있는 멕시코 등지에서 온 이민들의 영향도 적지 않다고 생각된다. 에스파냐어에서는 이중부정이 아주 강한 의미의 부정인데, Nunca no he visto algo así(그런 것은 절대 본 적이 없다) 같은 문장에서도 영어의 never에 해당하는 nunca와 not을 뜻하는 no가 함께 등장한다.

당시 우리 부대 공급병들은 한국군 두 명을 제외하면 전원이 흑인이었는데, 다른 부서에서는 '탄광촌'이라고 불렀다. 근묵자흑(近墨者黑)이라고 우리 애들도 점점 검어지는 것처럼 보여 한동안 놀려대기도 했다. 아무튼 이 친구들 남들 못 배우는 영어 제대로 배웠다. 일선 학원에서는 아무리 제대로 영어를 구사해도 흑인강사를 고용하지 않는다. 우리는 이런 면에서는 인종차별 국가라고 생각한다.

아일랜드에서 막 돌아온 직후 미국식 영어의 늘어지는 발음에 식상했던 나는 아일랜드인이 주변에 있는지 수소문하던 중 북아일랜드 캐빈(Cavan)에서 온 머레이라는 친구를 소개받았다. 머레이는 바짝 마른 빨간 머리의 아가씨로 첫 인상이 다소 성마르다는 느낌이었다. 아니나 다를까 머레이는 전형적인 아일랜드 시골 출신의 성질 급한 여성이었다.

머레이는 대체의학에 관심이 있어 수지침을 배우고 있었는데, 한국어가 부족하니 일주일에 한 번 만나 한국어와 영어를 교환학습하자고 해서 좋다고 말했는데 금방 후회하고 말았다. 날씨가 나쁘면 나쁘다고 신경질, 비가 오면 비가 온다고 신경질, 머레이의 성질 받아주기가 너무 힘이 들었다. 특히 머레이는 한국 사람들이 구사하는 콩글리시를 절대 못 견뎌했다. 메레이에게는 한국 사람이 하는 말은 무조건 어색하고 어법에 어긋난 것으로 들렸다. 그만큼 머레이와 만나고 나면 녹초가 돼 지하철에서 졸다 내릴 지하철역을 지나치기 일쑤였다. 한마디로 제대로 걸린 셈이다. 머레이가 "아니 그것도 몰랐어? 그거 그렇게 말하지 않지"라고 직접 내 영어의 단점을 공격할 때마다 나는 뼈아픈 좌절감에 빠지곤 했다. 만일 돈을 받고 하는 학원수업에서라면 어느 강사도 이렇게 공격적으로 말하진 않을 것이다. 머레이가 들고 오는 책도 쉬운 것이 아니었다. 간혹 수지침교본을 들고 왔는데 이거 설명하기가 서울에서 김서방 찾기보다 어려웠다. 국내에서 발간되는 한영사전은 도무지 이해할 수가 없어 애 먹었던 기억이 생생하다. 이런 머레이가 호주인 남자친구와 결혼해 한국을 떠나게 됐다. 한국을 떠나던 날 머레이가 남긴 말이 걸작이다.

때로는 싸우고 때로는 술에 취해 횡설수설하면서 배우는 외국어는 어느 학원강사도 가르쳐줄 수 없는 보배이다

"역시 네이티브 스피커가 아니다 보니 아직도 영어가 어색해." 머레이는 헤어지는 순간까지 내 속을 뜨끔하게 만들었다. 얼마 전 호주 멜버른에 갔을 때 시드니 집에 전화를 했더니 반색을 했다. 역시

말은 이렇게 해도 좋은 친구는 영원히 남는 것 같다.

베른하르트라는 독일인 친구도 내 외국어 공부에 많은 도움을 주었다. 키가 180을 훌쩍 넘는 이 친구는 외국어대에 설립된 국제대학원에서 경제학강의를 하기 위해 독일 킬 대학에서 온 거시경제학 교수였는데 상당히 박학한 친구다. 전공인 경제학 외에도 정치학, 유럽통합, 역사 등 모르는 것이 없는 만능재주꾼이었다. 금발에 다소 뚱뚱한 체형이어서 멀리서 봐도 바로 알 수 있었다. 나는 유럽 사람을 만나면 대략 이 사람이 어느 나라 사람인지 맞춰보는 악취미가 있는데, 베른하르트를 처음 만났을 때 스웨덴이나 덴마크인 인 줄 알고 서툰 스웨덴어로 말을 걸었었다.

우리 둘 사이의 공통점은 독일어를 한다는 것과 두주불사라는 점이었다. 개고기가 먹고 싶다는 베른하르트를 데리고 학교 앞 보신탕집에 갔는데, 이 친구 요리가 나오자 바로 사진으로 찍었다. 고향에 계신 어머니에게 보내겠다는 것이었다. 그 뒤 개고기 맛에 빠져 자주 보신탕을 먹으러 다녔다. 삼겹살이나 김치는 나보다 잘 먹었다. 전생이 한국 사람인지는 모르지만 이 친구 독일 집에 갔다 놀란 일도 있다. 친구 어머니가 한국에서는 어떤 음식을 먹느냐는 질문에 이 친구 왈 "한국 사람들은 마른 오징어도 먹어요"라는 것이다. 북유럽사람들은 비늘이 없는 오징어나 문어는 입에도 대지 않는다. 여러 가지 미신이 있지만, 구약성서에서 이런 음식을 금지하는 데다 사람이 바다에서 조난을 당해 익사하면 제일 먼저 사람 살을 먹는 놈들이 이 오징어와 문어라고 믿기 때문이다. 독어로 문어는 Krake라고 하는데, 원래 이 말은 전설 속에 나오는 대형 바다괴물을 뜻한다. 친구 어머니가 "사람이 어떻게 그런 걸 먹지?"라며 놀라자 "처음에는 좀 딱딱한데 자꾸 씹으면 나름대로 맛있어요"라고 친구가 대답해 나는 아무 말도 않고 멍하니 쳐다보기만 했다.

두 개 언어를 동시에 구사하는 외국인 친구를 만나는 것도 큰 도움이 된다. 언젠가 일 때문에 만난 마르쿠스라는 독일인 친구가 있다. 이 친구는 독일 베를린에서 태어난 지 몇 개월 되지 않아 에스파냐 라스팔마스로 이주해 살았고 모든 교육은 에스파냐에서 마쳤다. 당연히 에스파냐어의 영향이 몸속 깊이 남아 독일인학교를 다니고 부모와도 독어로 대화했어도 이 친구의 독어억양에는 에스파냐어 식 발음이 배어 나왔다.

현재 대만 외교부에서 국제정세 분석가로 일하는 이 친구는 술 잘 마시고 사람 좋은 호걸이다. 서울에 오면 항상 내 집에서 기거했는데, 밤새워 술을 마시고 술집이 문을 닫으면 집에서 편의점 만두와 치킨을 안주 삼아 소주를 들이켰다. 중국문제에 대해 문외한이던 나와 양안문제, 갈수록 심화되는 대만의 외교고립문제를 두고 설전을 벌이기도 했다. 이런 심각한 문제를 이야기하면서 우리 둘은 독어와 에스파냐어를 섞어 쓰는 묘한 모습을 보였다. 누가 옆에서 봤다면 상당히 우습다고 했겠지만, 술과 대화에 취한 상태에서 말이 오고가다 보니 어떤 표현은 독일어로 나오고 어떤 표현은 에스파냐

어로 나왔다. 이 친구와 술을 마시다 보니 직장에는 매일 지각이었
고 푸석푸석 부은 얼굴로 아침회의에 들어가면 다들 걱정스러운 눈
빛으로 쳐다보곤 했다. 마지막 만났을 때 마르쿠스가 내게 한 말이
기억난다. "한국에 가니 참 신기한 것이 많아. 대만에서는 그 비싼
사과가 너무 싸고 달았고 소주는 신비로울 정도야. 아무리 마셔도
정신은 말짱한데 그 다음날 몸이 말을 안 듣더군"이라고 해 나를 아
연실색하게 만들었다. 마르쿠스가 그 말을 어느 나라말로 했는지는
기억이 나지 않는다.

이문열의 〈우리들의 일그러진 영웅〉을 에스파냐어로 번역하던
한 신부님의 부름을 받고 1년 간 번역작업을 도운 적이 있는데, 소
설이나 시에 쓰이는 까다로운 표현의 차이를 설명하다 보니 내 에
스파냐어가 많이 늘었다. 번역작업이라는 것이 피를 말리는데 한번
시작하면 몇 시간을 해도 한 문장도 나가지 못한 적도 많았다. 하지
만 에스파냐에서 책으로 출간되어 좋은 반응을 얻으니 그때 고생이
싹 날아가는 것 같았다.

이제까지 교류한 외국인들을 보면 한국에 애정이 있거나 자기 전
공 외에 역사나 철학에 관심이 있는 사람들이 많았다. 이 사람들이
한국사회를 묘사할 때 쓰는 표현이나 어휘 그리고 한국인의 잘못된
외국어 습관에 대한 지적은 몸에 좋은 보약이 됐다. 때로는 싸우고
때로는 술에 취해 횡설수설하면서 배우는 외국어는 어느 학원강사
도 가르쳐줄 수 없는 보배이다.

친구도 가려 사겨라

"혹시 신문 뭐 보세요? 이거 새로 나온 신문인데 내요가 어떤 것 같아요?" "예? 내요요? 내요가 무슨 말이죠? 아! 내용이 어떠냐고요?"

1991년 여름 용산역에서 한 사람이 나를 잡고 마음에 드는 신문 내용이 뭐냐고 물어보는데, 폼을 보니 우리나라 사람이 아니었다. 아니나 다를까 당시 모 종교단체에서 발간한 신문을 홍보하는 자리에 일본인이 나와 대학생들을 붙잡았던 것이다. 일본인을 만나기도 어려웠던 시절이라 그 사람과 친구가 돼 내 부족한 일본어를 많이 보충하기는 했는데 자꾸 나를 상대로 포교하려고 했다.

그래서 종교와 인생에 대한 진지한 이야기를 좀 하자는데도 "아직 마음의 준비가 되지 않았다"며 차일피일 미루다 입영영장을 받고 연락도 없이 입대해 버렸다. 당시 외국인들은 이처럼 특별한 계기로 한국인을 만나 결혼하는 경우가 많았다. 물론 이 사람들은 보통사람이 아니어서 만나면 보통사람이 나누는 평범한 대화는 하기 어렵다.

요즘은 한국에서도 외국인 친구를 사귀기가 그다지 어렵지 않은 모양이다. 외국인들이 자주 모이는 클럽이나 카페도 등장하고 시골에서도 외국인들이 자주 다니는 것이 목격된다. 그런데 친구라고 다 같은 친구는 아니다. 우리나라 사람끼리도 좋은 친구와 나쁜 친구가 있다. 영화 〈친구〉에 등장하는 친구는 어떻게 미화를 시키건 친구를 죽음으로 내몰았으니 최악의 친구라 할 수 있다.

사람은 가려 사겨야 하지만 일단 어학실력 증진이 목적이라면 어학학습에 도움이 되는 친구를 찾아보는 것도 능력이다. 일부에서는 자신의 학생을 성적 대상으로 보는 외국인 교사도 종종 있으니 조심해야 한다.

실제로 외국어 교습을 받다 보면 야릇한 느낌을 받기도 하는데, 내 경우 졸업을 앞두고 회화를 지도한 에스파냐인 여교사가 나뿐 아니라 불특정 다수의 한국 남학생들에게 이상한 의사표시를 해 놀랐던 기억도 있다. 졸업 후 만났던 한 프랑스인 여성은 아예 대놓고 유혹했는데 이런 사람들은 대부분 자기나라에서 적응하지 못하고 한국과 일본 등을 오가며 생활하는 그런 부류들이다.

요즘은 이 사람들이 종로3가 일대 여관 촌에서 많이 투숙하는 모양이다. 저렴한 가격 때문에 장기투숙을 하는 사람이 많고 대부분 외국어과외 등으로 생활을 이어간다. 이들은 일단 일본에 있다 취업비자가 만료되면 한국의 학원이나 학교에 적을 두고는 계약이 끝나면 일본에 돌아가는 식인데 여권을 보면 한국과 일본 출입국 도장이 화려하다. 잠자는 공주님이나 백마 탄 왕자님에게 그냥 끌리는 한국의 낭자와 도련님이 계시다면 연애를 말릴 생각은 없다. 다만 사랑은 아무나 하고 하는 것이 아니듯 관계를 맺는다고 어학이 느는 것은 절대 아니다.

아무리 네이티브 스피커라도 어학은 아무나 가르칠 수 있는 성질의 것이 아니다. 예를 들어 JPT시험은 일본인이라도 만점을 맞는 사람이 거의 없다. 실제 문제를 두고 한국인에게 이해할 수 있게 설명하는 사람도 드물다.

다른 목소리

이제까지 우리말과 연관이 없다시피 한 외국어 5개를 내가 어떻게 익혔는지를 이야기했다. 나는 그다지 언변이 좋은 storyteller는 아니다. 단지 내가 지난 15년간 외국어를 익힌 과정과 그 사이에 만난 좋은 사람들, 끔찍했던 기억, 좋았던 추억을 모두 모아 이야기보따리를 푼 정도이다.

이런 좌충우돌식 외국어학습이 내게 이상한 후유증을 남겼다는 사실을 최근에야 깨달았다. 내 목소리가 변한 것이다. 청소년기에 변성기를 맞아 남자들의 목소리가 변하는 것은 당연하지만 이제 청년기를 넘어 중년으로 치닫는 30대 남성이 목소리가 변하다니 이게 무슨 말인가? 사람이 못 듣는 목소리가 있다면 나는 신(神)의 목소리와 자기 자신의 목소리라고 주저 없이 말하고 싶다.

어느 날부터인가 전화통화를 하면 사람들이 내 목소리를 바로 알아챈다는 사실을 알았다. 절대 잊지 못하는 목소리라는 것이다. 그렇다고 목소리가 성우처럼 좋은 것은 아니다. 다만 소리를 내는 발성방법이 달라졌을 뿐이다. 콧소리가 강해 소리의 공명음이 크고 전반적으로 소리가 울린다. 이건 바로 서양인의 목소리다. 성인이 되고 난 뒤에도 장기간 연습을 하면 입안의 근육이 변화하는 건 아닌지 모르겠다. 이비인후과 의사가 이 글을 읽는다면 어떻게 생각할지 궁금하다.

이런 현상은 언어가 학문이 아니라 반복되는 연습을 통해 습득되는 운동과 같은 속성이 있기 때문에 생기는 것 같다. 나는 언어를 발음하거나 소리를 듣는 과정에서 이런 사실을 알았다. 주변의 사람들에게 권하고 싶은 것이 있는데, 무슨 언어이든 소리에 익숙해지려면 알아듣거나 말거나 매일 30분 정도를 외국어를 들으라는 것이다. 자고 있을 때 라디오를 틀어놓는 것도 좋은 어학연습이다. 야구선수들이 거의 무의식 상태에서 시속 100킬로미터 이상의 공을 쳐내는 것도 다 오랫동안 습관적으로 익힌 감각 덕분이다.

그리고 암호를 푼다는 마음으로 언어에 접근하는 게 좋다. 만일 바벨탑의 전설이 맞다면 언어는 신이 만든 최고의 암호다. 같은 현상을 두고 언어에 따라 다르게 표현하지만, 미리 약속하지 않고도 한 현상을 같이 인식하는 것은 절묘한 조화다. 예를 들어 의자에 발이 걸려 넘어졌다면 서양에서는 의자가 나를 걸고 넘어졌다는 식으로 이해하지만, 우리는 의자 위에 내가 넘어진 것으로 해석한다. 이런 차이는 기본적으로 사물을 바라보는 시각이 다르기 때문에 생기는 현상이다.

언어는 살아 있는 유기체고 시대가 흐르면 변한다. 신은 인간이 풀 수 없는 암호를 만들지 않았다. 그 언어를 사용하는 사람들의 사고만 읽으면 암호는 의외로 쉽게 풀리기 때문이다. 그들의 사고를 알려면 그들이 무엇을 가장 중요시 여기는지를 알아야 한다. 서양 사람들은 시간을 중요시하는데, 모든 것을 시간이 얼마나 가고 얼마나 앞당겨지는지에 따라 상상, 신화, 미래에 대한 기대, 과거에 대한 후회가 모두 다 재현되기 때문이다.

이런 언어의 특징을 알려면 모국어 중심의 사고를 버려야 한다. 가장 효과적인 방법은 여러 개의 언어를 동시에 배우는 것이다. 여러 언어를 한꺼번에 배우다 보면 언어 간의 상관관계가 보이기 시작하고 언어라는 코드를 부수는 새로운 지도가 그려지기 시작한다. 다른 언어를 쓰는 인간에 대한 이해와 믿음도 생긴다. 언어는 수단일 뿐이라고 하지만 나는 그렇게 보지 않는다. 언어는 그것을 말하는 사람들의 영혼이 녹아 있는 문화의 결정체요 생명의 근원이다. 사람을 사랑하는 마음이 없다면 알기 어려운 것이다.